Kaufmännische Grundlagen mit Excel

Dirk Umbach
Mark Pautke

redmond's

Inhalt

1 Einleitung 1

2 Grundregeln für ein effektives Arbeiten mit MS Excel 3
- 2.1   Markieren unabhängiger Bereiche 3
- 2.2   Aufbau einer Kalkulationstabelle 4
- 2.3   Formeln und Funktionen 4
  - 2.3.1 Formeln 4
  - 2.3.2 Funktionen 6
- 2.4   Ausfüllen und Kopieren 10
  - 2.4.1 Ausfüllen 10
  - 2.4.2 Kopieren / Ausfüllen bei Formeln und Funktionen 11
- 2.5   Verwenden von Bezügen 12
- 2.6   Relative und absolute Bezüge 13
- 2.7   Prozentrechnung in MS Excel 14
- 2.8   Zahlenformate 16
  - 2.8.1 Formatierung mit Symbolschalter 16
  - 2.8.2 Formatierung über Menüpunkt FORMAT 17
- 2.9   Weitere Zellformate 18
- 2.10 Formate übertragen 20

3 Vorlagenerstellung und -organisation für den betrieblichen Schriftwechsel 21
- 3.1   Form und Inhalte der kaufmännischen Rechnung 22
- 3.2   Erstellung einer Rechnungs- Mustervorlage in Excel 24
  - 3.2.1 Bestandteile der Rechnungs-Mustervorlage: 25
  - 3.2.2 Speichern der Mustervorlage 26
- 3.3   Neue Rechnungen auf Grundlage der Vorlage erstellen 27
- 3.4   Änderungen an der Mustervorlage vornehmen 28
- 3.5   Schutz von Vorlagen 29
  - 3.5.1 Arbeitsmappenschutz aktivieren 29
  - 3.5.2 Arbeitsmappenschutz aufheben 30
- 3.6   Vorlagen organisieren 30
  - 3.6.1 Ablegen einer Verknüpfung auf den Desktop 30
  - 3.6.2 Hinzufügen einer Verknüpfung in die Schnellstartleiste von Windows 2000/ XP 31
  - 3.6.3 Aktivieren der Schnellstartleiste 31
- 3.7   Übungen Mustervorlagen: 32

4 Datenorganisation und –Verwaltung 33

- 4.1 Übungsbeispiel: Kassenbuch als Excel Liste 35
- 4.2 Grundsätzliche Begriffe zu den Excel-Listen 35
- 4.3 Kassenbuchvorlage 36
- 4.4 Erweiterung des Kassenbuchs um einen Saldobereich 37
- 4.5 Fixierung der Tabellenüberschriften und Saldoberechnung 38
- 4.6 Datenerfassung mit der Datenmaske 38
- 4.7 Dateneingabe mit selbstdefinierten Dropdownfeld vereinfachen 39
- 4.8 Einfache Auswertung der Daten durch Sortieren 41
- 4.9 Daten mit dem Autofilter auswerten 42
  - 4.9.1 Autofilter einfügen 42
  - 4.9.2 Filterkriterien im Überblick 43
  - 4.9.3 Autofilter entfernen 43
- 4.10 Komplexe Auswertungen mit Teilergebnissen 44
- 4.11 Übungen Datenorganisation und –Verwaltung 46

5 Die betriebswirtschaftliche Statistik 47

- 5.1 Aufgaben der betriebswirtschaftlichen Statistik 47
- 5.2 Grundsätzliche Überlegungen zum Aufbau der Statistik 48
- 5.3 Die Erfolgsstatistik als Fallbeispiel 48
- 5.4 Verknüpfung von Tabellenblättern (3D-Verknüpfungen) 50
- 5.5 Gruppieren von Tabellenblättern 54
- 5.6 Einrichtung einer Mehrbenutzerstatistik 56
  - 5.6.1 Schutz einzelner Tabellenblätter 56
  - 5.6.2 Schutz einzelner Zellen im Tabellenblatt 57
  - 5.6.3 Blattschutz aufheben 57
- 5.7 Darstellung von Zahlen in Diagrammen 58
  - 5.7.1 Vorüberlegungen 58
  - 5.7.2 Beispiel - Erstellung eines Kreisdiagramms 58
  - 5.7.3 Zeitraumbezogene Darstellung im Liniendiagramm 63
- 5.8 Übungen zur betriebswirtschaftlichen Statistik 66

6 Einführung in die Preiskalkulation 67

- 6.1 Preis-/ Leistungsverhältnis 67
- 6.2 Preispolitik 68
- 6.3 Konditionenpolitik 69
- 6.4 Methoden der Preisbildung 70
- 6.5 Die kostenorientierte Preisbildung 70
  - 6.5.1 Variable und fixe Kosten 70
  - 6.5.2 Voll- und Teilkostenrechnung 71
  - 6.5.3 Preiskalkulation mit der Vollkostenrechnung 71
  - 6.5.4 Preisbildung mit der Deckungsbeitragsrechnung 74
  - 6.5.5 Der Kostendeckungspunkt (break even point) 75
  - 6.5.6 Vor- und Nachteile der Kostenorientierten Preisbildung 77
- 6.6 Übungen zur Preiskalkulation 78

7 Finanzierung 79
- 7.1 Begriffe und Grundlagen 79
- 7.2 Innenfinanzierung (Auch cash-flow-Finanzierung) 79
- 7.3 Außenfinanzierung durch Kreditaufnahme 80
  - 7.3.1 Der Lieferantenkredit als Form kurzfristiger Kreditfinanzierung 80
  - 7.3.2 Das Darlehen als Form langfristiger Kreditfinanzierung 81
  - 7.3.3 Vergleich Darlehen mit gleicher Tilgungsrate und als Annuität 82
- 7.4 Leasing als weitere Form der Finanzierung 84
- 7.5 Finanzierungsregeln und ausgesuchte Kennzahlen als Entscheidungshilfen 85
  - 7.5.1 Goldene Bilanzregel 85
  - 7.5.2 Eigenkapitalquote 86
  - 7.5.3 Verschuldungsgrad 87
- 7.6 Übungen zur Finanzierung 88

8 Grundlagen der Investitionsrechnung 89
- 8.1 Methoden der Investitionsrechnung 89
- 8.2 Der Kalkulationszinsfuß 90
- 8.3 Rentabilitätsrechnung 91
- 8.4 Amortisationsrechnung 91
- 8.5 Grundlagen der dynamischen Investitionsrechnung 92
  - 8.5.1 Annahmen und Grundlagen für die Modellrechnung 92
  - 8.5.2 Aufzinsen von Beträgen 92
  - 8.5.3 Abzinsen von Beträgen 98
  - 8.5.4 Überblick über Verfahren der dynamischen Investitionsrechnung 99
- 8.6 Die Kapitalwertmethode 103
- 8.7 Übungen zur Investitionsrechnung 106

9 Aufgabenlösungen 107
- 9.1 Lösungen Kapitel 3 107
- 9.2 Lösungen Kapitel 4 112
- 9.3 Lösungen Kapitel 5 115
- 9.4 Lösungen Kapitel 6 117
- 9.5 Lösungen Kapitel 7 118
- 9.6 Lösungen Kapitel 8 120

Index 125

1 Einleitung

Die zunehmende Globalisierung der Märkte, der Abbau von Handelsbeschränkungen und ein stetiger rasanter Technologiewandel haben zu einer grundlegenden Veränderung in der Wirtschaft geführt. Daten, Informationen und Wissen müssen heute in kürzester Zeit überall verfügbar sein. Betriebliche Aufgaben werden dabei zunehmend komplexer und die Zeit in der Sie erledigt werden sollen immer knapper.

Um diese Anforderungen bewältigen zu können wird es immer mehr zur Voraussetzung, dass jeder Einzelne, ob nun Arbeitnehmer, Selbstständiger oder Existenzgründer, sowohl betriebswirtschaftliches Hintergrundwissen als auch EDV-Kenntnisse aufweisen kann.

Ein sicherer Umgang mit einem Tabellenkalkulationsprogramm wie MS Excel und eine gute Organisation der eigenen Daten kann dabei viel Zeit, Aufwand und Ärger ersparen.

Dieses Produkt richtet sich an Anwender, die bereits über Grundlagenkenntnisse in Excel verfügen und das Programm nun für kaufmännische Aufgaben am Arbeitsplatz oder im eigenen Betrieb einsetzen wollen. Wir möchten Ihnen dazu nützliche und elementare Fähigkeiten und Kenntnisse vermitteln, damit Sie später im Tagesgeschäft eine Aufgabe durch den gezielten Einsatz von MS Excel mit möglichst wenig Arbeits- und Zeitaufwand bewältigen können.

Als Überblick über den jeweiligen thematischen Gesamtzusammenhand, erfolgt zu jedem Kapitel zunächst eine kurze Einführung in den betriebswirtschaftlichen Hintergrund. An konkreten Beispielen werden dann typische Aufgabenstellungen dargestellt und Lösungsmöglichkeiten mit MS Excel aufgezeigt. Im Vordergrund stehen dabei immer die verschiedenen Methoden und Techniken, um den Umgang mit dem Programm zu verfeinern und zu verbessern.

Damit die in den folgenden Kapiteln durchgeführten Übungen verständlich und übersichtlich bleiben, werden im Vorwege einige wichtige Themen, Methoden und Techniken aus dem Grundlagenbereich von MS Excel wiederholt.

Ebenso aus Gründen der Übersichtlichkeit und Einheitlichkeit werden in den Beispielen die derzeit gültigen deutschen Mehrwertsteuersätze (7% bzw. 16%) verwendet, unsere Leser in Österreich mögen uns das nachsehen und gegebenenfalls diese durch den jeweiligen österreichischen Mehrwertsteuersatz (10% bzw. 20%) ersetzen.

An dieser Stelle soll noch darauf hingewiesen werden, dass diese Arbeit keine Patentlösungen anbieten, sondern vielmehr Wege und Möglichkeiten für eigene Lösungsansätze aufzeigen soll. Für Ihre Anregungen, Hinweise und Vorschläge sind wir dankbar, Sie erreichen uns per E-Mail unter: excel@conceptpool.de

Und nun wünschen wir Ihnen viel Spaß beim Lesen und viel Erfolg beim Durcharbeiten der Übungen!

Einleitung

Grundregeln für ein effektives Arbeiten mit MS Excel

2 Grundregeln für ein effektives Arbeiten mit MS Excel

Der große Vorteil von MS Excel ist die Möglichkeit Änderungen verschiedener Einflussfaktoren auf einfache Art „durchzuspielen". Da der Faktor Zeit besonders am Arbeitsplatz eine entscheidende Rolle spielt, sollten Sie bei allen Übungen darauf achten den Aufwand für die Erstellung der Beispiele so knapp wie möglich zu halten. Sie können sich bereits einiges an Arbeit sparen, wenn Sie die folgenden Grundregeln beachten:

- Nutzen Sie die Möglichkeit der Markierung von Mehrfachbereichen. Auf diesem Wege können Sie mehrere unabhängige Zellbereiche zugleich markieren.

- Achten Sie auf einen klaren und einfachen Aufbau Ihrer Kalkulation und verwenden Sie sinnvolle Überschriften.

- Arbeiten Sie nach Möglichkeit mit den Kopieren- oder Ausfüllen-Funktionen von Excel.

- Verwenden Sie in Formeln und Funktionen keine Zahlenwerte, sondern nehmen Sie Bezug auf eine Zelle, in die Sie den entsprechenden Wert eintragen.

- Bei der Ergänzung von Formaten zu bestehenden Tabellenbereichen oder der Reproduktion von Tabellen formatieren Sie möglichst wenige Bereiche manuell. Nutzen Sie die Funktion „Formate übertragen".

2.1 Markieren unabhängiger Bereiche

Eine wichtige Funktionalität die Excel anbietet ist das Markieren mehrer unabhängiger Bereiche, um diese z.B. zu formatieren. Sie ersparen sich dadurch das wiederholte Markieren von Zellbereichen.

Übung: In einer Tabelle mit 6 Zeilen soll jede zweite Zeile innerhalb des Tabellenbereiches eine graue Füllfarbe erhalten.
Markieren Sie mit der Maus bei gedrückter STRG-Taste die unabhängigen Bereiche.
A3: D3, A5:D5 und A7:D7.

Hinweis: Die Zelle auf der sich der aktive Zellcursor befindet wird zwar transparent dargestellt, sie zählt aber dennoch zum markierten Bereich.

Grundregeln für ein effektives Arbeiten mit MS Excel

2.2 Aufbau einer Kalkulationstabelle

Ein überschaubarer Aufbau Ihrer Kalkulation und die Beschriftung Ihrer Tabelle ermöglichen es Ihnen später noch nachvollziehen zu können, wie und warum Sie diese Berechnung ausgeführt haben, und was das Ergebnis bedeutet.
Wenn Sie die Datei zu einem späteren Zeitpunkt erneut öffnen, müssen Sie sich nicht mühsam und zeitaufwendig wieder in Ihre Tabelle einarbeiten, sondern können sofort neue Berechnungen durchführen.

2.3 Formeln und Funktionen

Lassen Sie Excel rechnen, wo immer es nötig ist. Dazu ist das Programm gerade da. Die Formeln nach denen die Berechnung erfolgen soll, lassen sich in Excel einfach aufbauen. Für komplexe Berechnungen bietet Excel eine Vielzahl von vorgefertigten Funktionen, die nur noch die Eingabe Ihrer Werte erfordern.

2.3.1 Formeln

Gehen Sie bei der Formelerstellung mit größter Sorgfalt vor, so lassen sich viele Fehler von vornherein vermeiden. Für die Eingabe einer Formel beachten Sie folgende Hinweise:

> Beginnen Sie Formeln **immer** mit einem „="-Zeichen. Damit weisen Sie Excel an, in dieser Zelle eine Berechnung durchzuführen.

> Danach geben Sie die Werte bzw. Zellen und die gewünschte mathematische Verknüpfung ein. Excel kennt die folgenden Berechnungsmöglichkeiten:

mathematische Operation	Formelzeichen
Addition	+
Subtraktion	-
Multiplikation	*
Division	/
Potenz	^

Grundregeln für ein effektives Arbeiten mit MS Excel

Excel berücksichtigt bei der Berechnung von Formeln die gültigen Regeln, wie Punkt vor Strichrechnung und erlaubt die Verwendung Klammern zur Beeinflussung der Berechnungsreihenfolge. In Klammern zusammengefasste Ausdrücke werden dabei zuerst berechnet. Verwenden Sie auch bei mehreren verschachtelten Klammern nur die runden Klammern ().

Im folgenden Beispiel werden in der Zelle A3 die Werte der Zellen A1 und A2 durch die Formel *=A1+A2* addiert.

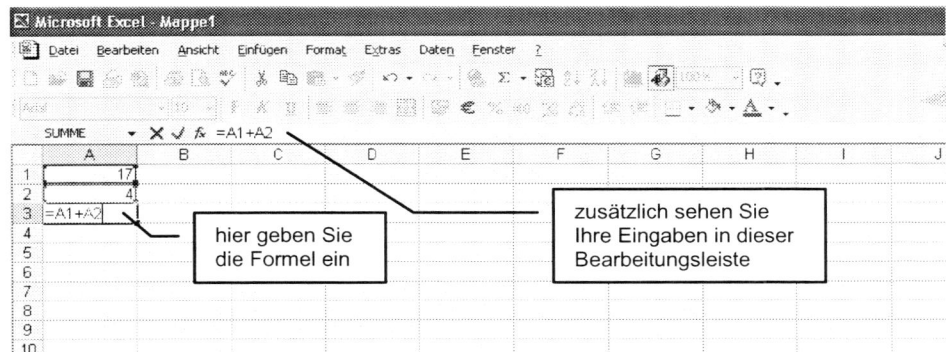

Schließen Sie die Eingabe einer Formel immer ab, damit Excel die Berechnung durchführt. Dazu stehen Ihnen die folgenden Möglichkeiten zur Verfügung:

> ➤ Drücken Sie die EINGABE-Taste (ENTER-Taste).
> Sie schließen die Eingabe ab und springen mit dem Markierungsrahmen eine Zelle nach unten.

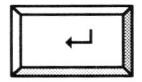

> ➤ Drücken Sie die TABULATOR-Taste.
> Sie schließen die Eingabe ab und springen mit dem Markierungsrahmen eine Zelle nach rechts.

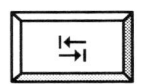

> ➤ Klicken Sie auf den grünen Haken in der Bearbeitungsleiste.
> Sie schließen die Eingabe ab, der Markierungsrahmen bleibt auf der aktuellen Zelle.

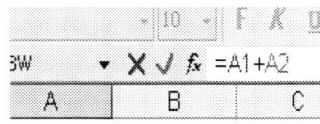

Grundregeln für ein effektives Arbeiten mit MS Excel

Sobald die Eingabe der Formel abgeschlossen ist, zeigt Excel das Ergebnis der Formel in der Zelle an. Zur Kontrolle können Sie jederzeit die Zelle markieren. Excel zeigt dann in der Bearbeitungsleiste am oberen Rand die dem Ergebnis zugrunde liegende Formel an.

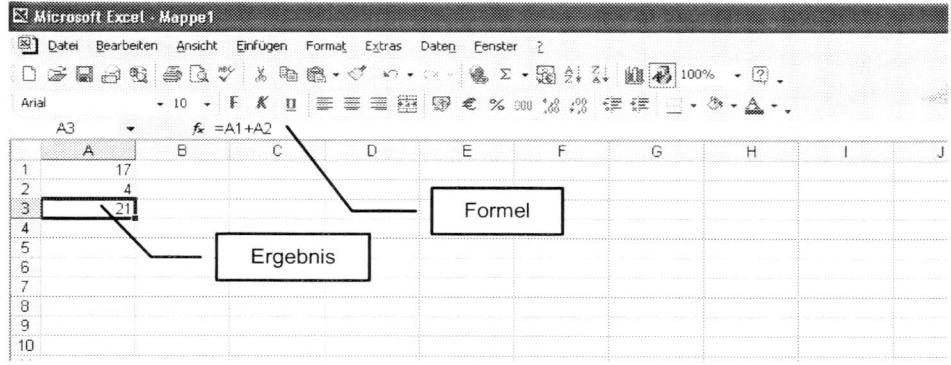

2.3.2 Funktionen

Ebenso wie die Formel dienen Funktionen zur Berechnung in einer Tabelle. Funktionen sind dann nützlich, wenn umfangreiche oder komplexe Berechnungen ausgeführt werden müssen. Allen Funktionen liegen bereits vorgefertigte Formeln zugrunde, die dadurch nicht jedes Mal neu erstellt werden müssen.

Zum Einfügen einer Formel in das Tabellenblatt bietet Excel einen Assistenten an, der Sie bei der Eingabe der erforderlichen Argumente (Werte und Bezüge) unterstützt.

Zum Starten dieses Assistenten wählen Sie das Menü EINFÜGEN - FUNKTION, oder klicken Sie in der Bearbeitungsleiste auf das Funktionsassistenten-Symbol:

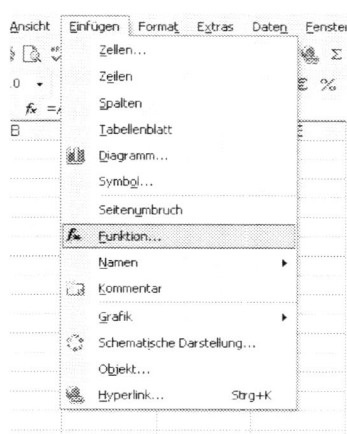

Im folgenden Dialogfeld kann dann die benötigte Funktion ausgewählt werden. Sämtliche Funktionen sind zur besseren Übersicht in verschiedene Kategorien eingeordnet. Die Kategorie ALLE umfasst alle Funktionen, die Ihnen Excel zur Verfügung stellt.

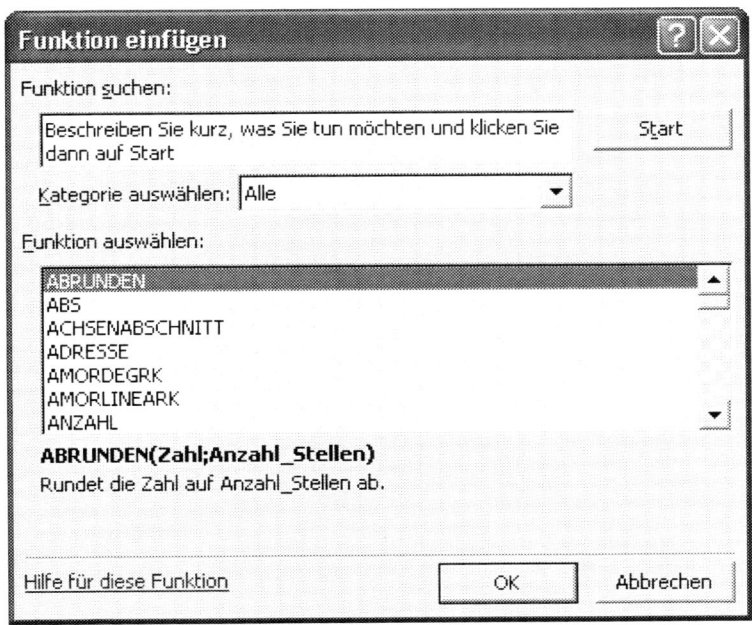

Sollen z.B. nicht wie im Beispiel oben nur zwei Zahlen addiert werden, sondern eine viel größere Anzahl, so wird die entsprechende Formel sehr lang, die Eingabe mühsam und fehleranfällig. Zur besseren Handhabung kann in diesem Fall die Summen-Funktion verwendet werden.

Übung: Für das Beispiel sollen die 20 Zahlen in den Zellen A1 bis A20 addiert werden und das Ergebnis in der Zelle A21 ausgegeben werden.

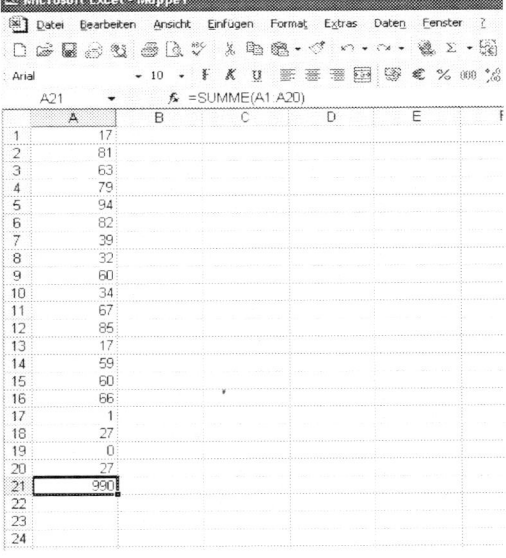

> Geben Sie die zu addierenden Zahlen einfach in die Zellen ein. Beginnen Sie in der Zelle A1 und drücken Sie nach jeder Zahl die ENTER-Taste, Excel springt automatisch in die darunter liegende Zelle hinein und Sie können die nächste Zahl eingeben.

Grundregeln für ein effektives Arbeiten mit MS Excel

- Nachdem Sie die Zahlen eingegeben haben rufen Sie zur Eingabe der Summen-Funktion den Funktionsassistenten wie oben beschrieben auf. Wählen Sie anschließend im Funktionsassistenten die Funktion SUMME aus und bestätigen die Auswahl mit OK. Sollte die SUMMEN-Funktion nicht in der Liste der zuletzt verwendeten Funktionen enthalten sein, finden Sie diese in der Kategorie „Mathematik & Trigonometrie" oder Sie wählen die Kategorie ALLE aus.

- Im nächsten Schritt müssen Sie angeben, welche Zellen summiert werden sollen. Dabei können ganze Bereiche angegeben werden, indem Sie die erste Zelle und - durch einen Doppelpunkt getrennt - die letzte Zelle des Bereiches angeben (z.B. A1:A20 gibt alle Zellen an, die **zwischen** A1 bis A20 liegen).

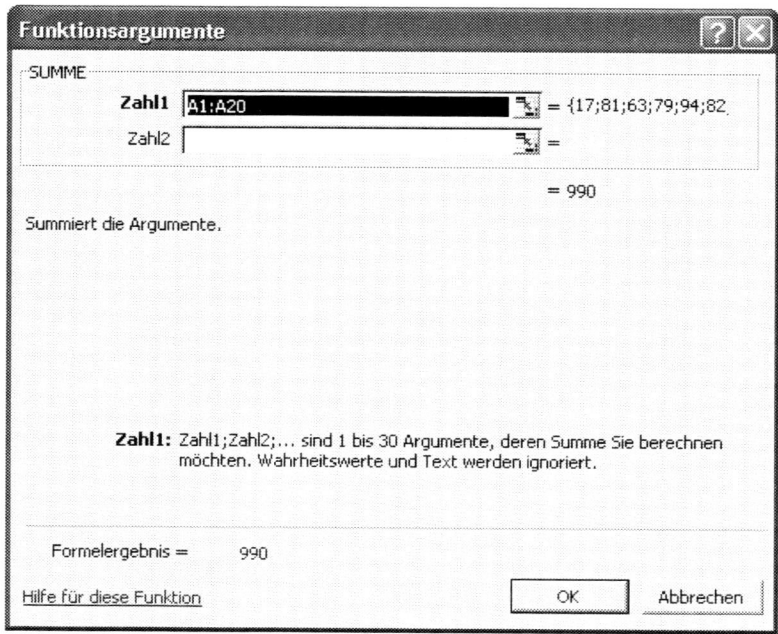

- Sobald Sie Ihre Eingaben mit OK abgeschlossen haben, zeigt Excel die Summe der Zellen A1 bis A20 an. Markieren Sie die Zelle mit der Summe, sehen Sie in der Bearbeitungsleiste wiederum die mithilfe des Assistenten erstellte SUMMEN-Funktion: ***=SUMME(A1:A20)***

Selbstverständlich können Sie die SUMMEN und alle anderen Funktionen auch ohne den Funktionsassistenten direkt eingeben. Geben Sie dazu die Funktion und die benötigten Argumente genauso ein, wie dies nach erfolgreichem Durchlauf des Assistenten in der Bearbeitungsleiste zu sehen ist.

Grundregeln für ein effektives Arbeiten mit MS Excel

Anstatt die Zellbezüge der Zellen, die Sie summieren möchten „per Hand" einzugeben, haben Sie die Möglichkeit Excel zu „zeigen", welche Zellbezüge in die Funktion eingefügt werden sollen. Auch dazu eine kleine Übung:

> Nachdem Sie den Funktions-Assistenten auf der Zelle A21 wie oben beschrieben gestartet haben, vergewissern Sie sich zunächst, dass Ihr Cursor (Eingabemarke) in dem Feld ZAHL1 des Assistenten bei der SUMMEN-Funktion steht. Markieren Sie die neben dem Dialogfeld liegenden Zellen A1 bis A20, indem Sie diese bei gedrückter Maustaste überstreichen.

> Sobald Sie die Maustaste über der Zelle A1 drücken, verkleinert Excel den Funktionsassistenten auf nur eine Zeile. Er erscheint automatisch in voller Größe wieder, wenn Sie die Maustaste über der Zelle A20 loslassen. Zur Markierung umgibt ein gestrichelter Laufrahmen nun die Zelle, deren Inhalt Sie summieren möchten. Excel trägt dabei die Zellbezüge selbständig in den Funktionsassistenten ein.

> Wenn Sie den korrekten Bereich für die Berechnung erfasst haben klicken Sie auf OK und das Ergebnis wird in Zelle A21 eingetragen.

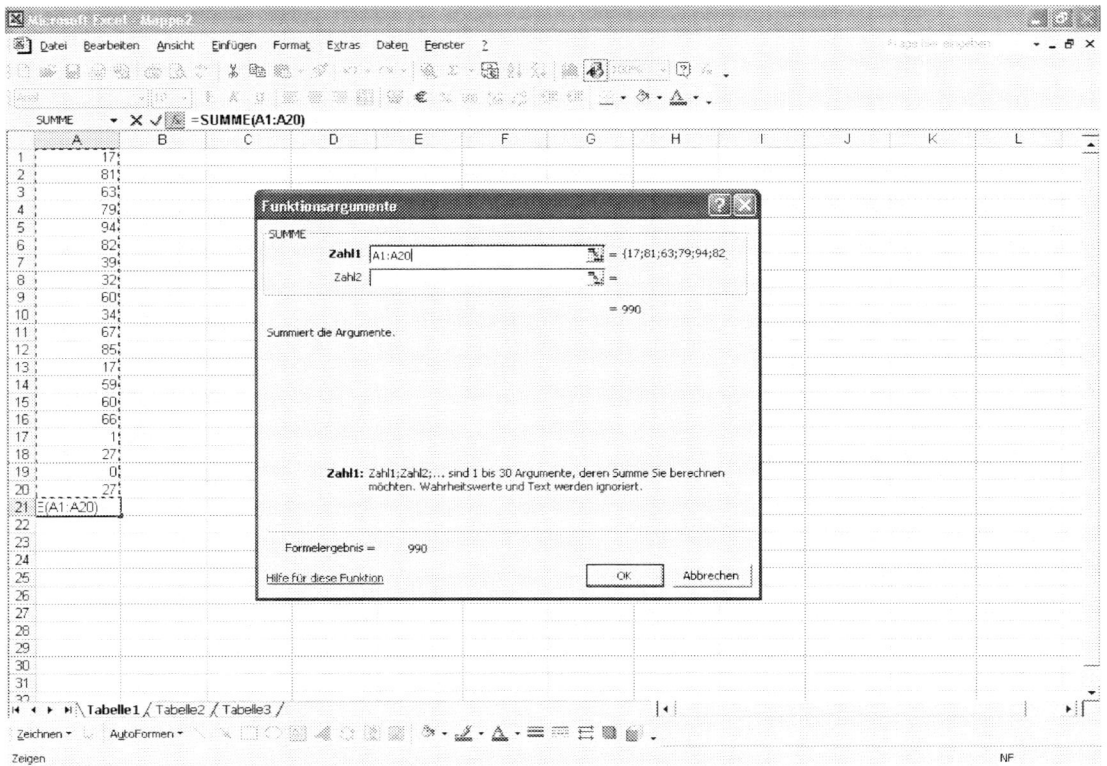

Hinweis: Sollte das Funktionsassistentenfenster den Bereich verdecken, welchen Sie markieren wollen, so verschieben Sie dieses einfach an eine andere Position.

Grundregeln für ein effektives Arbeiten mit MS Excel

2.4 Ausfüllen und Kopieren

Die Verwendung der Funktionen Ausfüllen und Kopieren führt richtig angewendet zu einer enormen Arbeitserleichterung bei der Erstellung von Kalkulationen. Zudem lässt sich die Fehlerquote bei der Entwicklung von Formeln bzw. Funktionen dadurch reduzieren, da diese nur einmal zusammengestellt werden. Doch Vorsicht, ist die Ursprungsformel falsch, so wird der Fehler selbstverständlich mitkopiert. Daher sollten Formeln und Funktionen immer mit großer Sorgfalt erstellt und nach dem Kopieren stichprobenartig überprüft werden.

2.4.1 Ausfüllen

Die Ausfüllfunktion ermöglicht eine einfache Fortschreibung von Werten in einer Tabelle. Dazu geben Sie lediglich anhand der ersten Werte vor, wie diese Liste aussehen soll. Alles weitere erledigt Excel für Sie.

Übung: In dem Beispiel soll in der Spalte A eine Liste erzeugt werden, die von 10 beginnend in 10er Schritten bis 100 zählt.

> Geben Sie dazu die Werte 10 und 20 wie im Bild ein.

> Markieren Sie nun **beide** Zellen.

> Zeigen Sie anschließend mit der Maus auf die rechte untere Ecke der Markierung, der Mauszeiger verwandelt sich in ein schwarzes Kreuz

> Ziehen Sie bei gedrückter Maustaste soweit wie gewünscht nach unten.

> Lassen Sie die Maustaste los, Excel füllt die Zellen automatisch aus

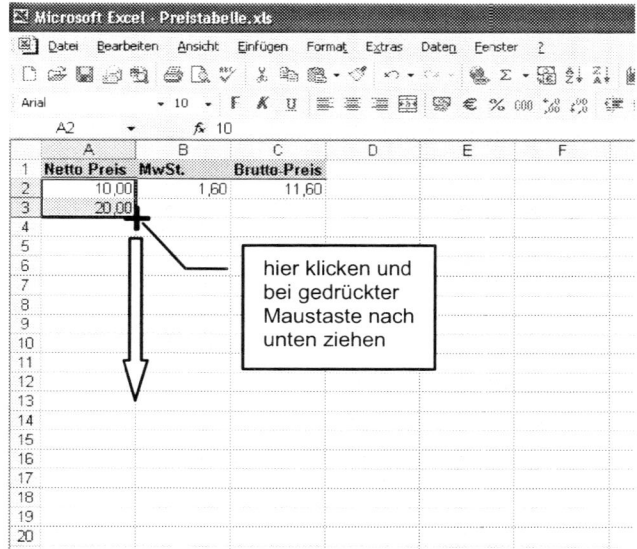

Grundregeln für ein effektives Arbeiten mit MS Excel

2.4.2 Kopieren / Ausfüllen bei Formeln und Funktionen

Die Verwendung der Ausfüllen und Kopieren-Funktion bei Formeln und Funktionen bietet einen besonderen Vorteil. Excel passt die Formeln dabei automatisch an die neue Position an.

Aus der Formel *=A3*16%* in der Zelle B2, die die Mehrwertsteuer für den ersten Preis berechnet, wird beim Kopieren in die Zelle B3 durch Anpassung die Formel *=A4*16%*, welche nun die Mehrwertsteuer des zweiten Preises angibt usw.

Übung:

> - Geben Sie zunächst die Formel *=A3*16%* in die Zelle B2 ein. Zum Kopieren in benachbarte Zellen kann wie bei der Ausfüllfunktion vorgegangen werden.

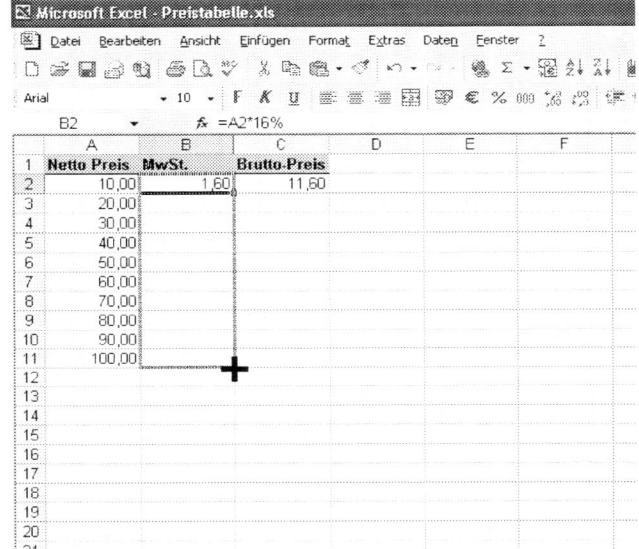

> - Markieren Sie die Zelle, deren Inhalt kopiert werden soll und zeigen Sie mit der Maus auf die rechte untere Ecke des Markierungsrahmens, bis der Mauszeiger sich in das schwarze Kreuz verwandelt.

> - Ziehen Sie bei gedrückter Maustaste über die Zellen hinweg, in die hinein kopiert werden soll.

Hinweis für unsere österreichischen Leser: Bitte ersetzen Sie die in den Beispielen verwendeten deutschen Mehrwertsteuersätze durch die in Österreich gültigen von 10% bzw. 20%.

Grundregeln für ein effektives Arbeiten mit MS Excel

2.5 Verwenden von Bezügen

Die grundsätzliche Verwendung von Bezügen auf andere Zellen ermöglicht Ihnen die einfache Anpassung Ihrer Kalkulation an Änderungen der Rahmenbedingungen, ohne die Formeln bzw. Funktionen selbst verändern zu müssen.

Im Beispiel müssten bei einer Veränderung des Mehrwertsteuersatzes alle Formeln in der Spalte B entsprechend verändert werden. Deutlich einfacher und schneller ist dies bewerkstelligt, wenn man den Mehrwertsteuersatz nicht direkt in die Formel einträgt, sondern wie im Beispiel unten eine Zelle (hier E4) für diesen Wert reserviert, auf den dann jeweils verwiesen wird.

Die Formel für die Berechnung der Mehrwertsteuer in der Zelle B2 lautet dann **=A2*E4**.

Wenn wir nun für die Berechnung der Bruttopreise einen anderen MwSt.-Satz verwenden müssen, zum Beispiel 7%, brauchen wir den Wert nur einmalig in Zelle E4 eintragen. Alle auf diese Zelle bezogenen Formeln passen sich daraufhin an.

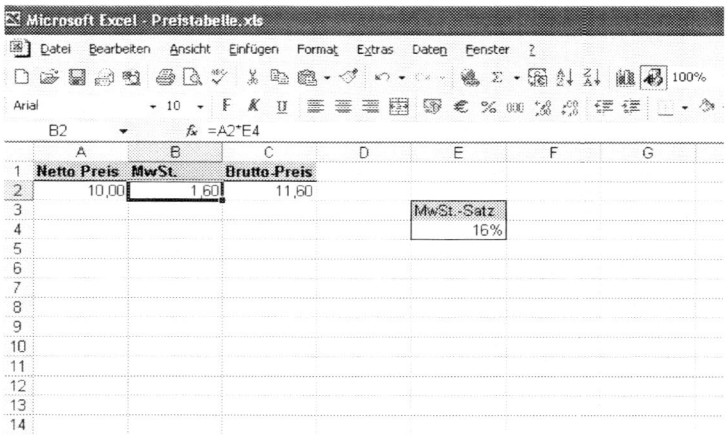

Ergebnisse der Tabelle mit einem MwSt.-Satz von 7%.

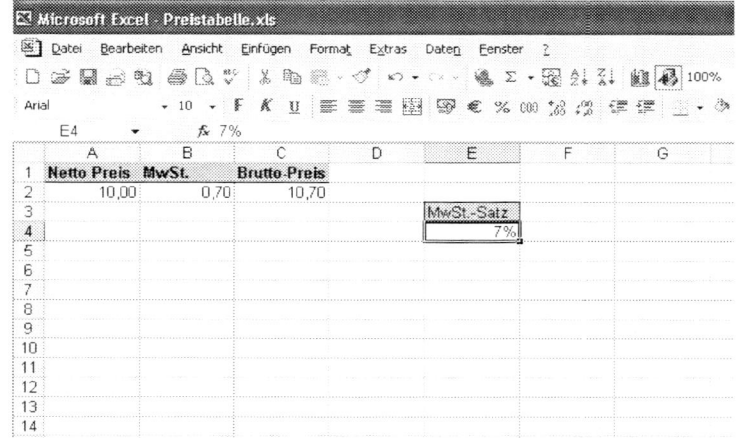

Grundregeln für ein effektives Arbeiten mit MS Excel

2.6 Relative und absolute Bezüge

Bei der Anwendung von Bezügen und der Ausfüllfunktion (Kopieren) in Formeln sollte immer beachtet werden, ob die automatische Anpassung der Zellbezüge, die Excel vornimmt, auch tatsächlich gewünscht wird.

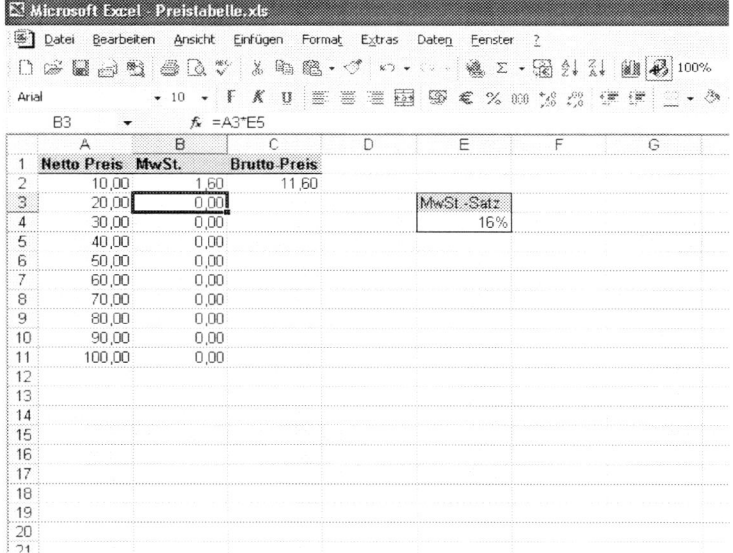

Verwendet man die eben eingegebene Formel zur Mehrwertsteuerberechnung **=A2*E4** in der Zelle B2 als Vorlage und kopiert diese in die Zelle B3, passt Excel die Formel wie folgt an: **=A3*E5**

Dies ist leider nur zur Hälfte richtig. Die Anpassung der **Preiszelle** (A2 wird zu A3) an die relative Position erfolgt wie erwartet, jedoch macht die Anpassung der **Mehrwertsteuerzelle** (E4 wird zu E5) keinen Sinn. Dieser Wert steht nach wie vor in der Zelle E4.

Zur Berechnung der korrekten Ergebnisse muss also verhindert werden, dass Excel beim Kopieren eine Anpassung des Bezuges E4 vornimmt. Dazu muss dieser als absoluter Bezug gekennzeichnet werden. Solche absoluten Bezügen erhalten ein „$"-Zeichen (Dollarzeichen) vor der Spalten- bzw. Zeilenbezeichnung ($E$4).

Übung: Entwickeln Sie unter Berücksichtigung des dargestellten Sachverhaltes die Formel für den Brutto-Preis und kopieren Sie diese mit der Ausfüllen-Funktion in die Zellen C3 bis C11.

Grundregeln für ein effektives Arbeiten mit MS Excel

Lösung: Wenden wir die Regelung des absoluten Bezuges an, lautet die gesamte Formel in B2 entsprechend: *=A2*$E$4*.

Diese Formel kann problemlos in die Zeilen nach unten kopiert werden und errechnet die richtigen Ergebnisse.

Für die Zelle B3 passt Excel die Formel zu *=A3*$E$4* an.

Durch die Verwendung des absoluten Bezuges auf die Zelle $E$4 nimmt Excel keine Anpassung beim Kopieren der Formel vor, sondern verweist immer auf $E$4.

2.7 Prozentrechnung in MS Excel

Grundlage für alle oben durchgeführten Berechnungen ist die Prozentrechnung. Zur kurzen Auffrischung und zum besseren Verständnis, wie MS Excel die Prozentrechnung durchführt, sollen folgende Beispiele dienen:

Wir wollen ermitteln, welcher Betrag 1 % von € 100.000 entspricht. Dazu bedienen wir uns der Prozentformel aus alten Schulzeiten:

p: Prozentsatz (hier 1 %)
W: (Teil-) Betrag (von uns gesucht)
G: Grundbetrag (hier € 100.000)

$$\text{Betrag } W = \frac{p * G}{100}$$

Mit den eingesetzten Werten ergibt sich:

$$\text{Betrag } W = \frac{1 * 100.000}{100} = 1.000 \text{ €}$$

Grundregeln für ein effektives Arbeiten mit MS Excel

Also entspricht 1 % genau einem Hundertstel des Grundwertes, für unser Beispiel 1.000 Euro.

Da die Division durch 100 jedes Mal durchgeführt werden muss, lässt sich die Rechnung vereinfachen, wenn diese Division gleich mit dem Prozentwert durchgeführt wird.

1% entspricht also : $\dfrac{1}{100} = 0{,}01$

Excel speichert diesen reinen Zahlenwert (z.B. 0,01) in einer Zelle. Achten Sie daher bei der Eingabe von Prozentwerten darauf, diese entweder als Prozentwert (z.B. 1%) mit dem %-Zeichen einzugeben, oder geben Sie den reinen Zahlenwert ein (z.B. 0,01) und formatieren diese Zelle dann später mit dem %-Format.

Übersicht über einige Prozentsätze und ihrem mathematischen Zahlenwert:

1 %	0,01
5 %	0,05
10%	0,10
25 %	0,25
50 %	0,50
100 %	1,00
120 %	1,20

Grundregeln für ein effektives Arbeiten mit MS Excel

2.8 Zahlenformate

Die grundlegenden Zahlenformate sind in Excel bereits vordefiniert und können durch entsprechende Symbolschalter oder über das Menü FORMAT – ZELLEN – ZAHLEN zugewiesen werden.
Generell ist zu beachten: Bei der Eingabe der Tabellenwerte werden nur die Zahlen **ohne** Angabe von Zusätzen wie z.B. € oder $ eingegeben. Die Formatierung der eingegebenen Werte erfolgt dann im zweiten Schritt.

2.8.1 Formatierung mit Symbolschalter

Am einfachsten und schnellsten lassen sich Zahlen über die Symbolschalter formatieren. Dabei werden die Formate direkt auf den markierten Bereich angewendet. Die für uns wichtigsten Schalter haben wir in der folgenden Tabelle zusammengefasst:

Zahl bei Eingabe (Standardzahl)	Symbolschalter	Nach der Formatierung
Standardzahl		6540,456
Währungs-/ Euroformat	💲 €	6.540,46 €
1.000er Trennzeichen	000	6.540,46
Prozentformat	%	654046%
Dezimalstelle hinzufügen	⁺,₀₀	6540,4560
Dezimalstelle löschen	,₀₀⁺	6540,46

Grundregeln für ein effektives Arbeiten mit MS Excel

2.8.2 Formatierung über Menüpunkt FORMAT

Unter dem Menüpunkt FORMAT – ZELLEN stehen im Register ZAHLEN weitere Formatierungsmöglichkeiten in verschiedenen Kategorien zur Verfügung.
Wenn Sie zum Beispiel Ihre Werte in Englische Pfund mit dem Währungssymbol „£"
formatieren möchten, dann verfahren Sie wie folgt:

> ➢ Rufen Sie den Menüpunkt FORMAT - ZELLEN auf und aktivieren Sie das Register ZAHLEN.

> ➢ Markieren Sie die Kategorie *Währung* und wählen Sie im Dropdownmenü unter dem Eintrag Symbol das Pfund-Währungszeichen.

> ➢ Schließen Sie das Dialogfeld *Zellen formatieren* mit OK

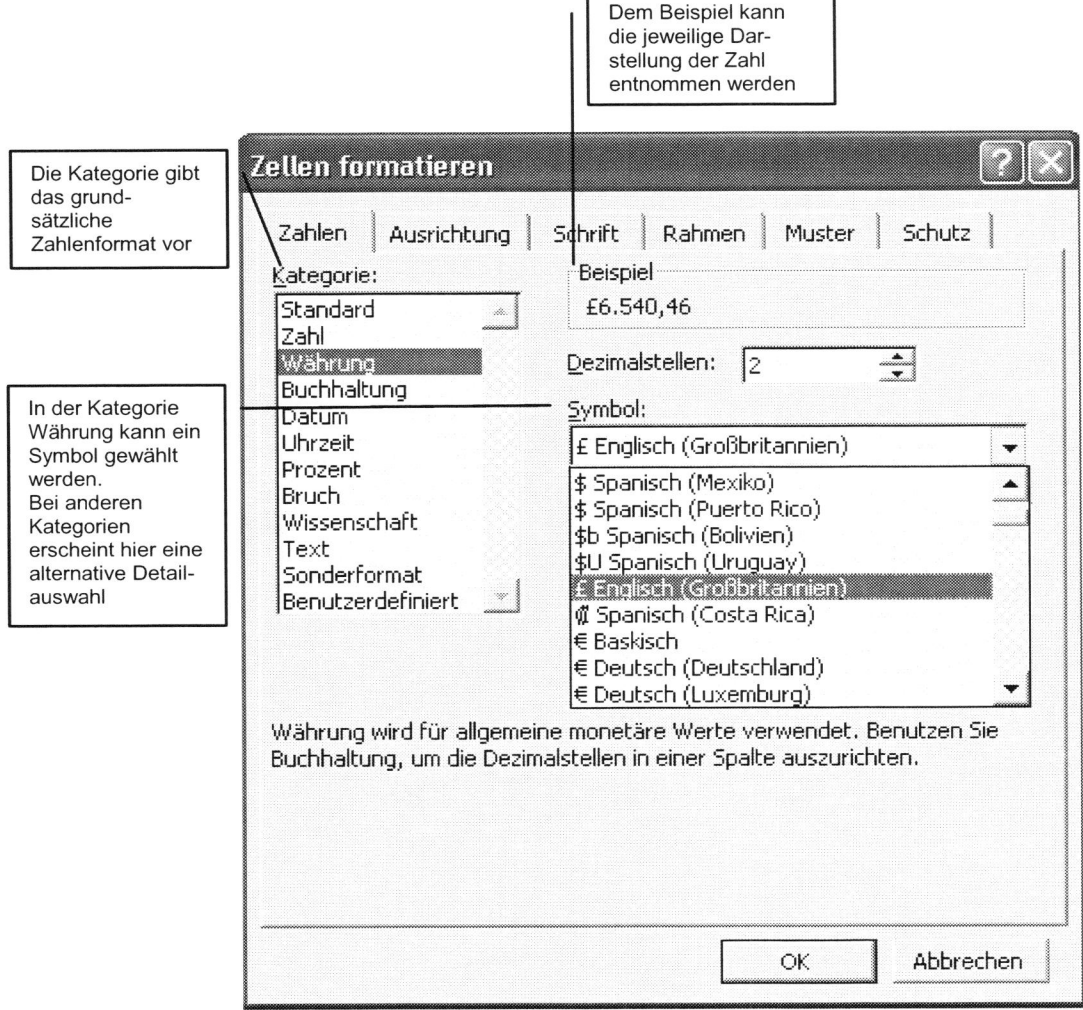

Grundregeln für ein effektives Arbeiten mit MS Excel

2.9 Weitere Zellformate

Zur geordneten Gestaltung Ihrer Tabellen ist die Verwendung von Rahmen und Mustern (z.B. die farbliche Hervorhebung von Überschriften) sehr gut geeignet. Ein Rahmen um den relevanten Tabellenbereich oder die Untersteichung bestimmter Zellen lenkt den Blick eines Betrachters gezielt auf die wichtigen Einträge in der Tabelle. Eine Hervorhebung der Überschriften oder besonderer Daten steigert die Übersichtlichkeit erheblich.

> - Markieren Sie zunächst den Tabellenbereich, der mit einem Rahmen versehen werden soll. Wählen Sie dann im Menü FORMAT – ZELLEN.
> - Auf der Registerkarte RAHMEN können Sie dann das Aussehen des Rahmens festlegen.
> - Wählen Sie im Bereich rechts die Linienart und gegebenenfalls die gewünschte Farbe aus. Bestimmen Sie dann mit den Schaltflächen im linken Bereich fest, wo der Rahmen erscheinen soll.

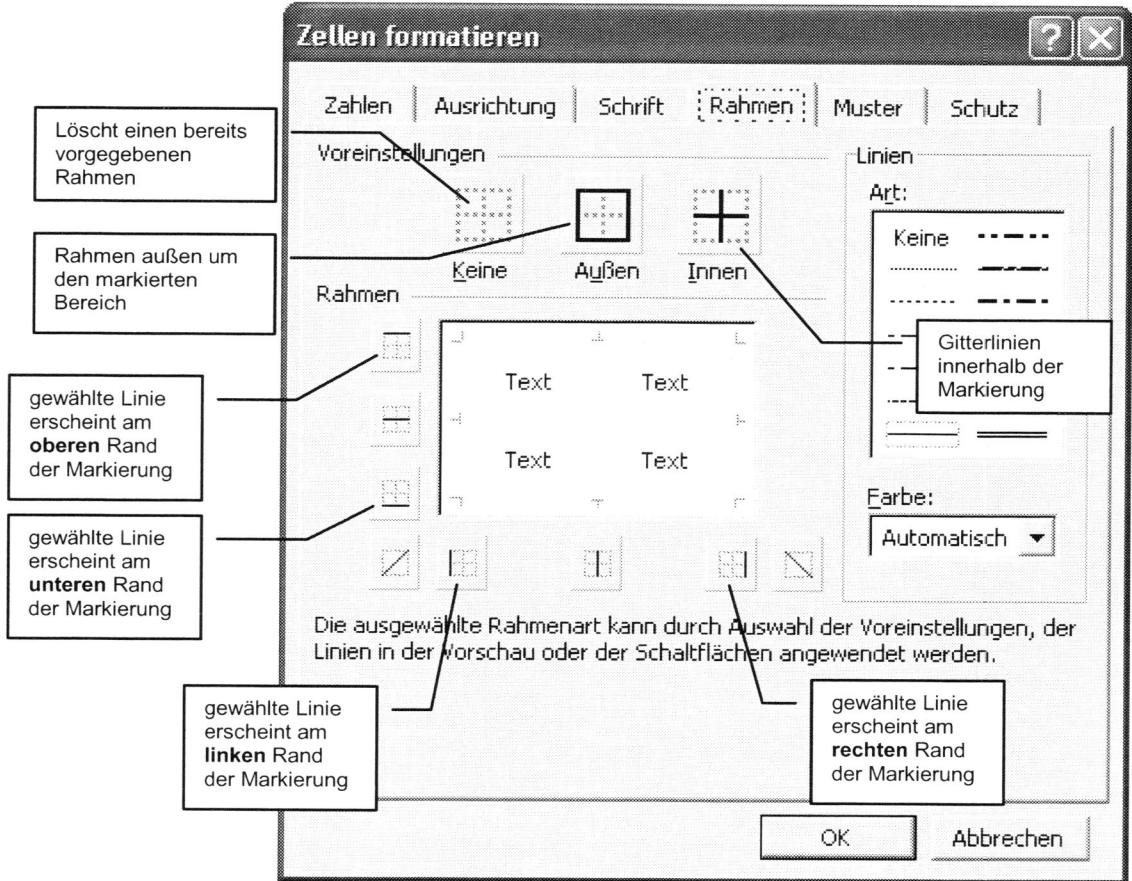

> - Bestätigen Sie Ihre Änderungen durch Klick auf die Schaltfläche OK.

Grundregeln für ein effektives Arbeiten mit MS Excel

Auf der Registerkarte MUSTER im gleichen Dialogfeld, können Sie den Hintergrund der markierten Zellen mit einem Muster (auch eine einfache Farbfüllung zählt dazu) hinterlegen.

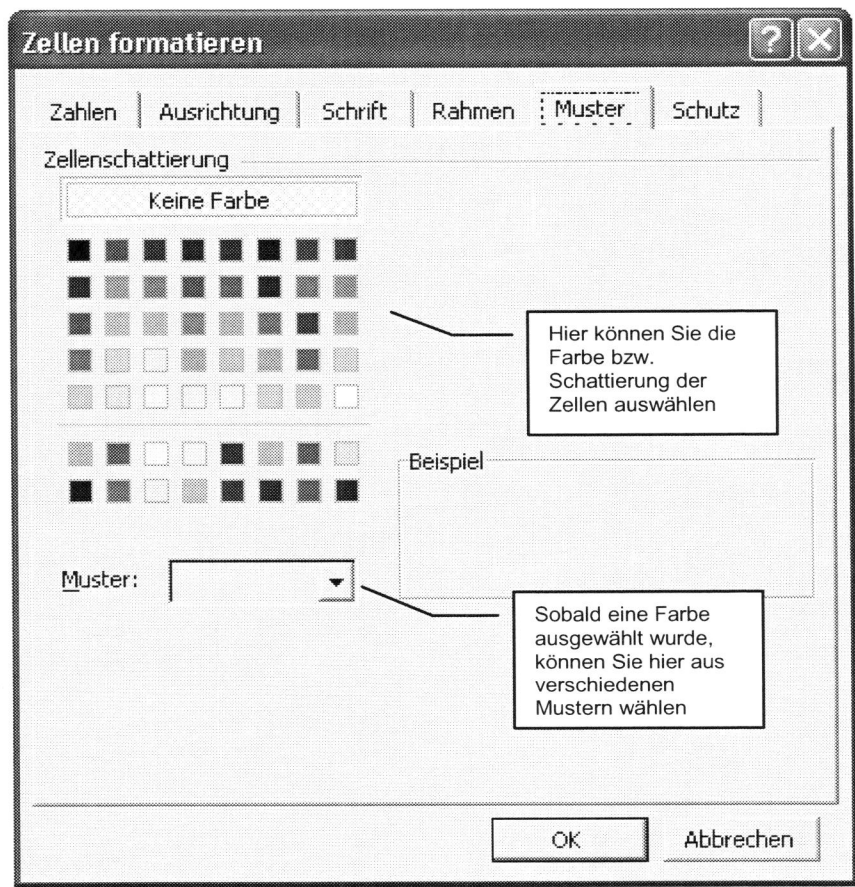

Die Verwendung eines außergewöhnlichen Musters mag zwar besonders auffällig sein, jedoch wird dabei auch häufig die Lesbarkeit beeinträchtigt, daher sollten Sie hier überdenken, ob nicht eine dezentere Hervorhebung die bessere Wahl ist.

Grundregeln für ein effektives Arbeiten mit MS Excel

2.10 Formate übertragen

Anstatt jeden Bereich einer Tabelle neu zu formatieren ist es oft sinnvoll bestehende Formate zu nutzen und diese auf einen Zielbereich zu kopieren. Dabei werden ausschließlich Formatierungen von einem Quell- auf einen Zielbereich übertragen.

Übung: Erstellen Sie eine Tabelle gemäß dem nebenstehenden Muster. Formatieren Sie die Zahlen und Begriffe laut Vorgabe. Ergänzen Sie in Zelle D1 das Jahr 2002 mit den Umsatz 8900,00 € (D2) und den Gewinn 7800,00 € (D3).

	A	B	C	D
1		2000	2001	
2	Umsatz	8.000,00 €	7.000,00 €	
3	Gewinn	500,00 €	300,00 €	
4				

> Markieren Sie den formatierten Bereich, den Sie übertragen möchten. Hier: beispielsweise Zelle C1 bis C3.

> Klicken Sie auf den Schalter 🖌 „Format übertragen". Neben dem Mauszeiger erscheint jetzt ein Besen-Symbol.

> Markieren Sie den Zielbereich, auf den das Format übertragen werden soll. Hier: D1 bis D3. Bereits während des Markierens wird das Format übertragen. Sobald Sie die linke Maustaste nach dem letzten Schritt loslassen, ist der Vorgang beendet.

Vorlagenerstellung und -organisation für den betrieblichen Schriftwechsel

3 Vorlagenerstellung und -organisation für den betrieblichen Schriftwechsel

Im täglichen Schriftwechsel können Vorlagen die Arbeit stark vereinfachen. Vorlagen sind Muster von Dokumenten (Faxe, Rechnungen, Lieferscheine usw.) mit einem einheitlichen Erscheinungsbild, in denen nur noch die individuelle Daten oder Texte ergänzt werden müssen. Bei der Faxnachricht also z.B. Faxempfänger, Datum, Betreff und Nachrichtentext.

Vorlagen werden Idealerweise zentral abgelegt und von nur wenigen Mitarbeitern verwaltet. Nur diese „Verwalter" können Änderungen oder Ergänzungen an den Vorlagen vornehmen. Daraus ergeben sich klare Vorteile:

- Für den Schriftverkehr werden nur Kopien verwendet, die Vorlage bleibt unberührt und kann nicht durch Überschreiben beschädigt werden.

- Beim Überschreiben werden oft nicht alle Inhalte gelöscht, sodass sich in die neue Arbeit Fehler einschleichen.

- Das Unternehmen tritt nach Außen in einem einheitlichen Erscheinungsbild auf, viele unterschiedliche Vorlagen einzelner Mitarbeiter entfallen

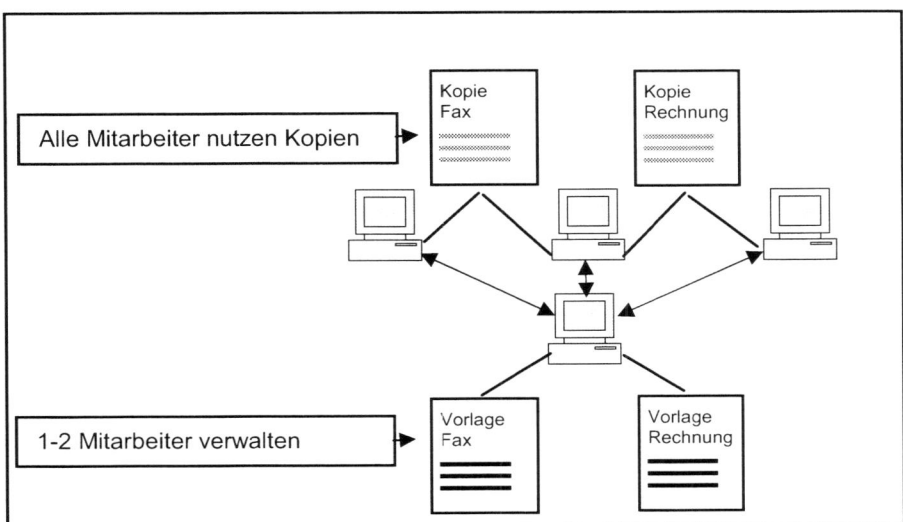

Abbildung: Im Idealfall werden die Vorlagen von 1-2 Mitarbeitern auf dem Server oder auf einem zentralen Computer verwaltet. Alle Mitarbeiter haben somit Zugriff auf die Vorlagen und können eigene Dokumente auf Grundlage der Vorlagen erstellen.

Vorlagenerstellung und -organisation für den betrieblichen Schriftwechsel

3.1 Form und Inhalte der kaufmännischen Rechnung

Als Mustervorlage soll im Folgenden eine Rechnung entworfen werden. Bevor wir jedoch mit der Erstellung der Mustervorlage beginnen, wollen wir zunächst einen Blick auf die Definition und die Bedeutung der kaufmännischen Rechnung werfen:

Ganz allgemein ist die Rechnung eine Mitteilung vom Verkäufer einer Ware oder Dienstleistung an den Käufer, über Menge, Art und Preis der Ware oder Leistung und die Zahlungsbedingungen. Gewöhnlich ist die Rechnung zugleich auch eine Zahlungsaufforderung.

Während die Definition in der Betriebswirtschaft recht offen ausfällt, wird das Umsatzsteuergesetz (UStG) schon etwas präziser. Gemäß UStG ist eine Rechnung „(...) jede Urkunde, mit der ein Unternehmer oder in seinem Auftrag ein Dritter über eine Lieferung oder sonstige Leistung gegenüber dem Leistungsempfänger abrechnet, gleichgültig, wie diese Urkunde im Geschäftsverkehr bezeichnet wird. Als Rechnung gilt auch eine mit einer qualifizierten elektronischen Signatur oder eine mit einer qualifizierten elektronischen Signatur mit Anbieter-Akkreditierung nach dem Signaturgesetz versehene elektronische Abrechnung."

Auch die formellen Anforderungen über die Inhalte der kaufmännischen Rechnung gibt das Umsatzsteuergesetz wieder. Die geltenden Vorschriften müssen dabei genau befolgt werden, damit die Rechnung als solche anerkannt wird und zum Vorsteuerabzug berechtigt ist.

Folgende Angaben müssen auf die Rechnung:

- Name und Anschrift des leistenden Unternehmers
- Name und Anschrift des empfangenden Unternehmers
- Menge, Art und Bezeichnung der gelieferten Gegenstände bzw.
- Bezeichnung der sonstigen Leistung
- Zeitpunkt der Lieferung oder sonstigen Leistung
- Netto-Entgelt für die Lieferung oder sonstige Leistung
- Steuersatz
- Steuerbetrag, der auf das Entgelt entfällt
- bei steuerfreier innergemeinschaftlicher Lieferung ist die Umsatzsteuer-Identifikationsnummer sowohl des Lieferers als auch die des Lieferungsempfängers anzugeben
- ab dem 1.7.2002 hat die (inländische) Umsatzsteuernummer des leistenden Unternehmers auf der Rechnung zu stehen
- Bei Gutschriften müssen sowohl die Steuernummer des leistenden Unternehmens, als auch die Steuernummer des Leistungsempfängers angegeben werden

Vorlagenerstellung und -organisation für den betrieblichen Schriftwechsel

Laut Gesetz ist auch eine Gutschrift als Rechnung anzusehen, mit welcher der Leistungsempfänger die erbrachte Leistung an den leistenden Unternehmer abrechnet.

Da die Rechnung als Geschäftsbrief an einen bestimmten Empfänger gerichtet ist, gelten ferner bei allen Kaufleuten die Vorschriften zu den Angaben auf Geschäftsbriefen nach dem Handelsgesetzbuch (HGB). Neben einer Rechnung gelten als Geschäftsbriefe alle Schriftstücke die an einen bestimmten Empfänger gerichtet sind. Unabhängig ob diese per Post, Faxnachricht oder als Email versendet werden.

Nicht als Geschäftsbriefe gelten unter anderen interne Mitteilungen, Lieferscheine, Werbeschriften und Postwurfsendungen.

So hat der Kaufmann der zum Beispiel eine Offene Handelsgesellschaft (OHG) oder eine Kommanditgesellschaft (KG) betreibt, gemäß HGB die Firma im Wortlaut der Handelsregistereintragung, die Rechtsform, den Sitz der Gesellschaft und die Nummer der Eintragung mit dem zuständigen Registergericht auf seinen Geschäftsbriefen anzugeben.

Bei der Gesellschaft mit beschränkter Haftung (GmbH) gelten die Vorschriften nach dem „Gesetz betreffend die Gesellschaften mit beschränkter Haftung" und bei der AG die Normen nach dem Gesetz für Aktiengesellschaften.

Vorlagenerstellung und -organisation für den betrieblichen Schriftwechsel

3.2 Erstellung einer Rechnungs- Mustervorlage in Excel

Unter Berücksichtigung der oben genannten formellen Anforderungen an den Inhalt einer Rechnung, wollen wir nun eine entsprechende Mustervorlage in Excel entwerfen.

Übung: Öffnen Sie eine neue Arbeitsmappe und übertragen Sie die Inhalte wie im Folgenden beispielhaft vorgegeben. Wenn Sie möchten, können Sie auch schon Ihre eigenen Angaben in die Vorlage einsetzen.

Nutzen Sie soweit wie möglich, die im vorherigen Kapitel behandelten Techniken und Funktionen.

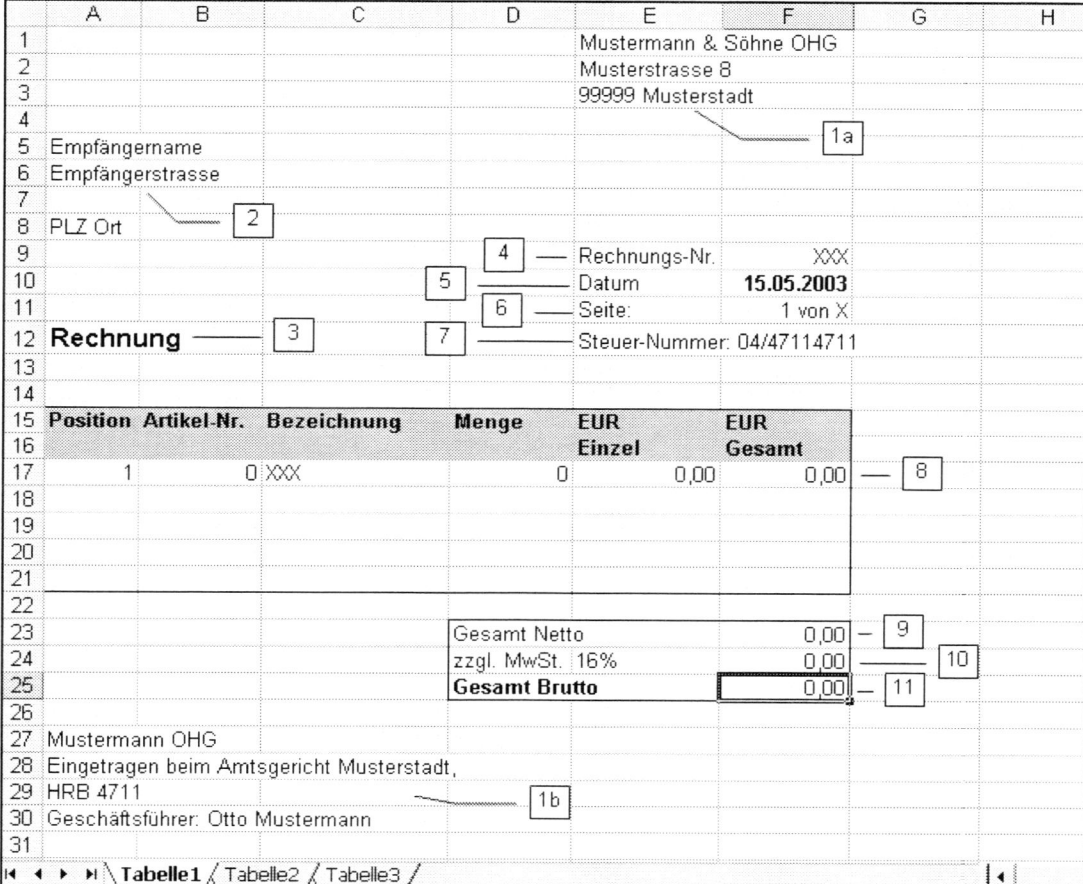

Vorlagenerstellung und -organisation für den betrieblichen Schriftwechsel

3.2.1 Bestandteile der Rechnungs-Mustervorlage:

Nr.	Feldname	Bezeichnung
1a 1b	Leistungserbringer	Hier müssen Name, Anschrift und je nach Rechtsform des Unternehmens zusätzliche Angaben zum Geschäftsbetrieb des Leistungserbringers eingetragen werden.
2	Leistungsempfänger	Hier müssen Name und Anschrift des Leistungsempfängers eingetragen werden
3	Dokumententitel	Sozusagen als „Betreff-Feld" wird klar, dass es sich um eine Rechnung/ Zahlungsaufforderung und nicht etwa z.B. um einen Lieferschein handelt. Optional kann hier bei Bedarf auch die Bezeichnung *Gutschrift* eingetragen werden
4	Rechnungsnummer	Kann in der Rechnung eingetragen werden, muss aber eindeutig sein. D.h., es dürfen keine Nummern doppelt vergeben werden. Die Rechnungsnummer kann für die eigene Zuordnung weiterhelfen, z.B. bei Rückfragen vom Kunden zur Berechnung. Es gilt: Je mehr Rechnungen geschrieben werden, desto sinnvoller ist die Vergabe einer Rechnungsnummer. Rechnungsnummern sollten zentral vergeben und auch entsprechend verwaltet werden.
5	Datum	Das Datum gibt den Tag der Rechnungserstellung an.
6	Seitenangabe	Bei Rechnungen über mehrere Seiten empfiehlt es sich Angaben über die Seitenzahl und die aktuelle Seite zu machen.
7	Steuer-Nummer	Umsatzsteuernummer des leistenden Unternehmers
8	Summe der Einzelpositionen	Die Berechnung der Postensumme für die Position wird durch eine Formel hinterlegt: Da der Gesamtbetrag das Produkt aus der Menge und dem Einzelpreis ist lautet die Formel für die Zelle F17 entsprechend **=D17*E17**.
9	Netto-Gesamtsumme	Die Berechnung der einzelnen Gesamtsummen über alle Positionen wird ebenfalls durch eine Formel hinterlegt. Es empfiehlt sich die Summen-Funktion.: **=SUMME(F17:F21)**
10	MwSt.-Betrag	Mit dem Mehrwertsteuersatz von 16% soll der Prozentwert der Nettosumme berechnet werden. Der Wert 16% befindet sich in Zelle E24 und kann somit als Zellbezug in der Formel verwendet werden. Formel: **=F23*E24**
11	Gesamtsumme	Die Bruttosumme ist die Summe von Nettobetrag und der Mehrwertsteuer. So können wir als Formel in Zelle F25 eintragen: **=F23+F24**

Vorlagenerstellung und -organisation für den betrieblichen Schriftwechsel

3.2.2 Speichern der Mustervorlage

TIPP: Bevor Sie Ihre erste Vorlage abspeichern richten Sie am besten zunächst einen Ordner für Ihre Vorlagen an. Nennen Sie den Ordner beispielsweise *Vorlagen*. Sollen auch Kollegen auf die Vorlagen zugreifen können, erstellen Sie den Ordner auf einem Netzlaufwerk.

Sie können auch den Standard-Ordner *Vorlagen* nutzen, der von Excel vorgegeben wird. Dieser befindet sich etwas versteckt an einer festgelegten Position im Excel-Ordnerverzeichnis. Damit auch Kollegen Vorlagen aus diesem Ordner nutzen können, muss dieser freigegeben werden. Im Folgenden nutzen wir jedoch unseren eigenen Vorlagen-Ordner.

> ➢ Wenn Sie den neuen Ordner angelegt haben rufen Sie den Menüpunkt DATEI – SPEICHERN UNTER... auf.

> ➢ Stellen Sie unter *Speichern in* den neuen Ordner *Vorlagen* als Ablageort ein

> ➢ Geben Sie unter *Dateiname* einen klaren Dateinamen. Z.B. „Rechnungsvorlage". Wir nennen die Vorlage im Beispiel einfach „BSPRechnung"

> ➢ Ändern Sie unter Dateityp durch Klicken auf das Dropdownfeld den Eintrag auf MUSTERVORLAGE (*.xlt).

> ➢ Klicken Sie auf *Speichern*. Die Mustervorlage wurde erstellt und gespeichert.

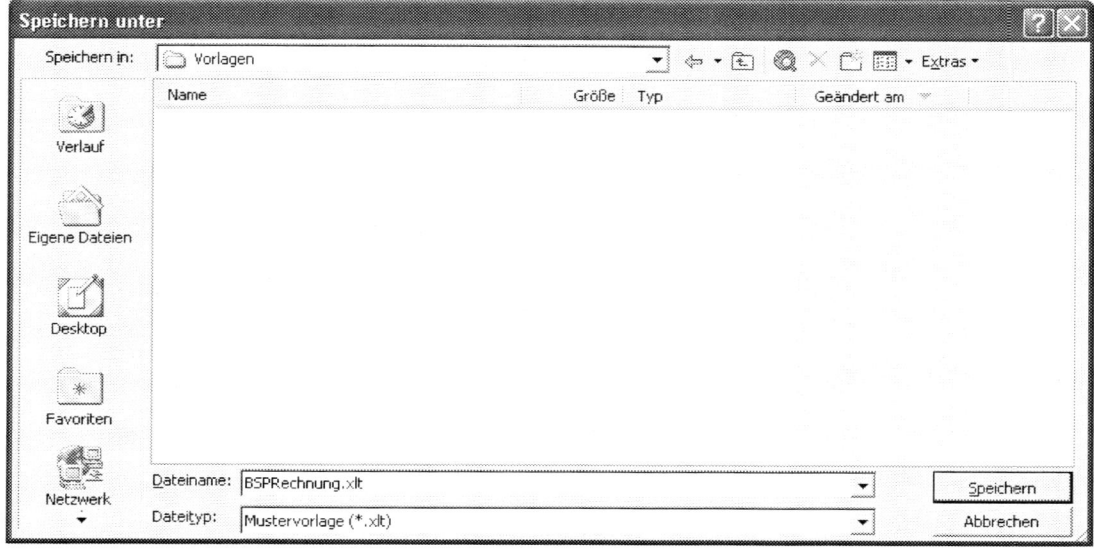

Vorlagenerstellung und -organisation für den betrieblichen Schriftwechsel

3.3 Neue Rechnungen auf Grundlage der Vorlage erstellen

Jetzt wollen wir unsere Mustervorlage auch nutzen. Um eine neue Rechnung auf der Grundlage der Vorlage zu schreiben gehen Sie wie folgt vor:

> ➢ Rufen Sie das Menü DATEI - NEU auf. Der Aufgabenbereich wird daraufhin geöffnet.

> ➢ Im Unterpunkt *Mit Vorlage beginnen* wählen Sie den Eintrag *Allgemeine Vorlagen...*

> ➢ Im Dialogfeld *Vorlagen* markieren Sie im Register *Allgemein* Ihre Rechnungsvorlage. (Wir haben im Beispiel die Vorlage „BSPRechnung.xlt" markiert).

> ➢ Klicken Sie auf OK und eine neue Blankorechnung wird auf der Grundlage Ihrer Vorlage geöffnet.

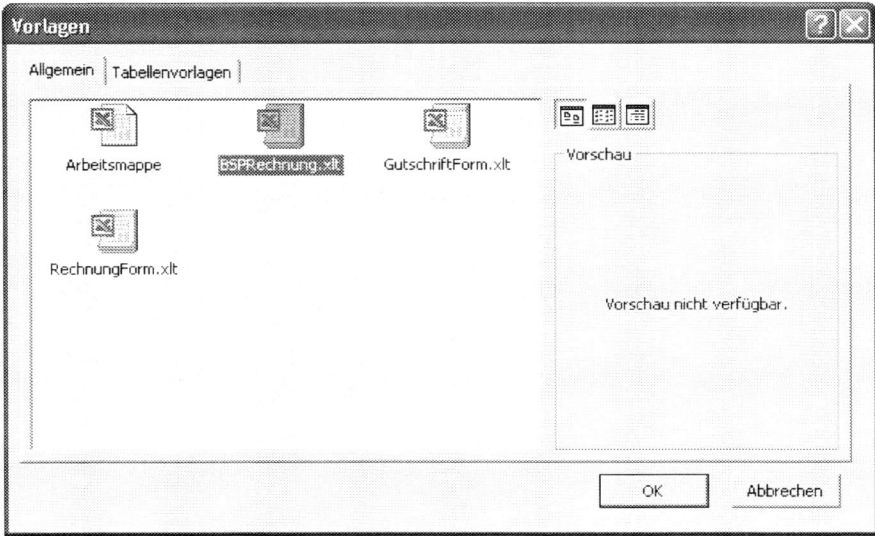

Hinweis: Alternativ können Sie auch folgendermaßen vorgehen: Klicken Sie im Aufgabenbereich im Unterpunkt *Mit Vorlage beginnen* direkt auf den Eintrag Ihrer Vorlage. In diesem Bereich werden die zuletzt verwendeten Vorlagen aufgelistet. Sie können nun eine neue Rechnung schreiben und diese abspeichern. Die Mustervorlage bleibt unberührt.

Vorlagenerstellung und -organisation für den betrieblichen Schriftwechsel

3.4 Änderungen an der Mustervorlage vornehmen

Um Ihre Rechnungsvorlage zu ändern müssen Sie diese zunächst öffnen.

> ➢ Klicken Sie auf das Symbol *Öffnen*.
> ➢ Stellen Sie im Dropdown-Menü Suchen in den Ordner ein, der Ihre Vorlagen enthält.
> ➢ Markieren Sie die Rechnungsvorlage und Klicken Sie auf den Schalter *Öffnen*.

Achtung: Sie haben jetzt die Original-Mustervorlage geöffnet und alle Änderungen wirken sich somit auf die Vorlage aus.

Übung: Fügen Sie in die Rechnungsvorlage einen weiteren Punkt *Kundennummer* ein. Die Vorlage soll demnach wie folgt aussehen:

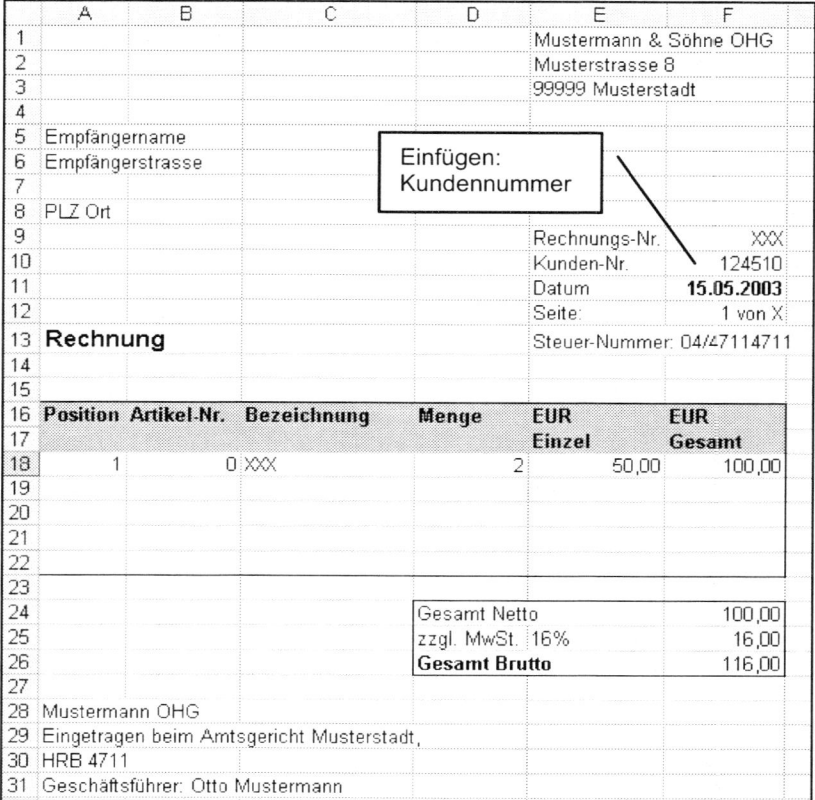

Vorlagenerstellung und -organisation für den betrieblichen Schriftwechsel

3.5 Schutz von Vorlagen

Wie bereits angesprochen sollten die Vorlagen zentral von wenigen Personen verwaltet werden. Um Ihre Vorlagen vor dem unberechtigten Zugriff von Anderen zu schützen, ist es ratsam einen Arbeitsmappenschutz für die Vorlage zu aktivieren.

3.5.1 Arbeitsmappenschutz aktivieren

Beim Arbeitsmappenschutz werden alle Blätter einer Arbeitsmappe vor Änderungen geschützt. Der Schutz verhindert beispielsweise, dass Benutzer Arbeitsblätter löschen oder ausgeblendete Arbeitsblätter anzeigen können:

➢ Rufen Sie den Menüpunkt EXTRAS – SCHUTZ – ARBEITSMAPPE SCHÜTZEN... auf.

➢ Aktivieren Sie optional die Kontrollkästchen für den Schutz der Struktur (Arbeitsmappe kann z.B. nicht gelöscht, verschoben oder ausgeblendet werden) und für den Schutz des Fensters (Fenstergröße kann nicht verändert werden).

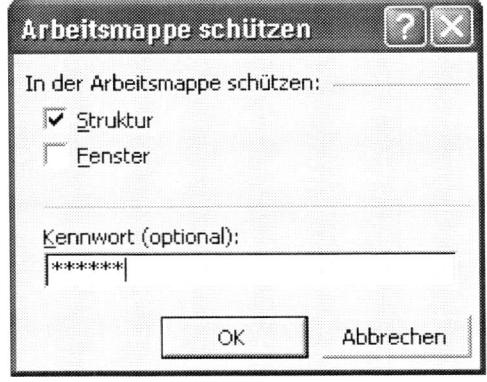

➢ Vergeben Sie ein Kennwort für den Schutz.

➢ Bestätigen Sie im folgenden Dialogfeld das Kennwort. Achten Sie besonders auf die Hinweise zur Kennwortvergabe. Dass Vergessen des Kennwortes kann verhängnisvolle Folgen haben.

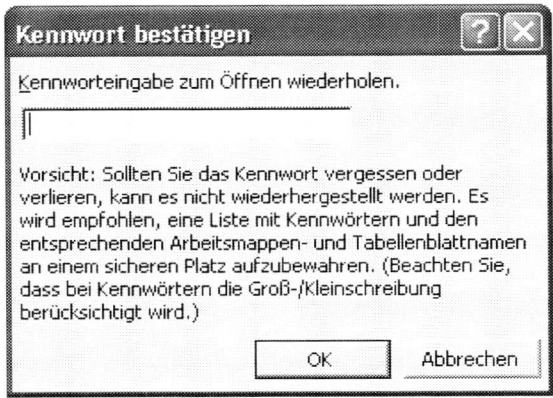

➢ Ohne Kennwort können nun keine Tabellenblätter gelöscht, neu eingefügt, umbenannt oder ausgeblendet werden.

➢ Änderungen in der Tabelle sind natürlich weiterhin möglich, um die zur Rechnung benötigten Daten eintragen zu können.

Vorlagenerstellung und -organisation für den betrieblichen Schriftwechsel

3.5.2 Arbeitsmappenschutz aufheben

Um Veränderungen an der Vorlage vornehmen zu können muss ein aktivierter Arbeitsmappenschutz wieder aufgehoben werden:

> ➢ Rufen Sie das Menü EXTRAS – SCHUTZ – ARBEITSMAPPENSCHUTZ AUFHEBEN auf.
>
> ➢ Geben Sie das Kennwort ein.

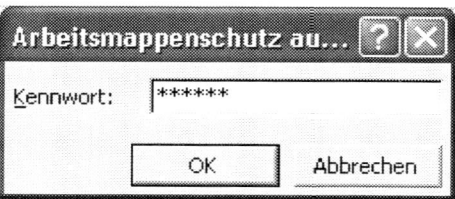

Nun können Sie die Vorlage beliebig verändern. Vergessen Sie nicht den Schutz ggf. nach den Änderungen wieder zu aktivieren.

3.6 Vorlagen organisieren

3.6.1 Ablegen einer Verknüpfung auf den Desktop

Wenn Sie bestimmte Vorlagen besonders häufig gebrauchen empfiehlt es sich diese direkt auf den Desktop abzulegen.

> ➢ Klicken Sie auf das Symbol ÖFFNEN. Stellen Sie im Dropdown-Menü *Suchen in* den Ordner ein, der Ihre Vorlagen enthält.
>
> ➢ Markieren Sie die Rechnungsvorlage und Klicken Sie dann mit der rechten Maustaste auf das Dateisymbol.

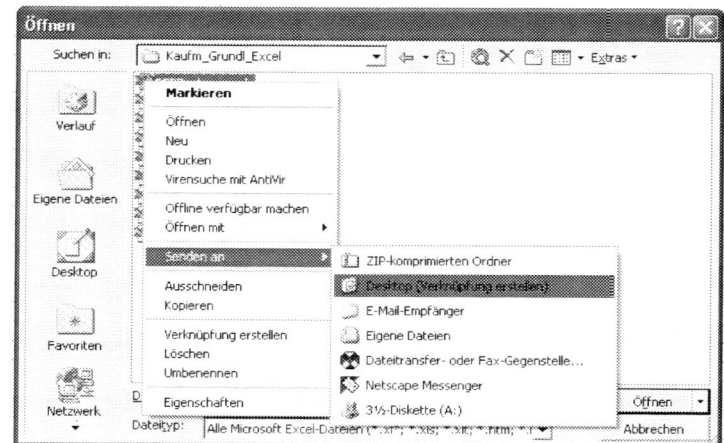

> ➢ Wählen Sie aus dem Kontextmenü den Punkt *Senden an* und dann *Desktop (Verknüpfung erstellen)*.

Es wird ein Symbol direkt auf den Desktop abgelegt.

3.6.2 Hinzufügen einer Verknüpfung in die Schnellstartleiste von Windows 2000/ XP

Eine weitere Möglichkeit um schnell an die Vorlage zu gelangen ist die Ablage des Symbols in der Schnellstartleise. Wir machen dazu einen kleinen Exkurs in die Grundlagen des Betriebssystems. Die Schnellstartleiste finden Sie in der Taskleiste rechts neben dem START-Schalter. Ist das nicht der Fall, so muss die Schnellstartleiste über die Taskleiste zunächst aktiviert werden:

3.6.3 Aktivieren der Schnellstartleiste

- ➢ Klicken Sie mit der rechten Maustaste auf einen leeren Bereich der Taskleiste.

- ➢ Wählen Sie im Kontextmenü den Eintrag *Symbolleisten* und klicken Sie dann auf *Schnellstart*.

- ➢ Wenn die Schnellstartleiste aktiviert ist erscheint links neben dem Begriff *Schnellstart* ein Haken.

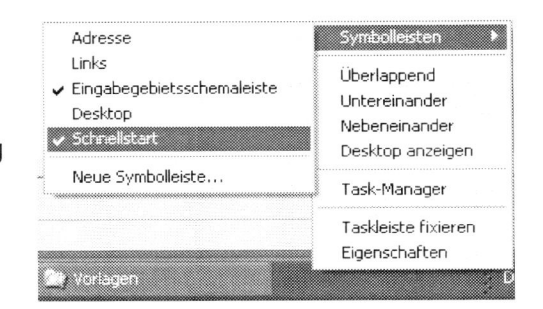

Um eine Dateiverknüpfung in die Schnellstartleiste zu erzeugen, gehen Sie wie folgt vor:

- ➢ Klicken Sie mit der rechten Maustaste auf den *Start-Schalter*.

- ➢ Wählen Sie den im Kontextmenü den Eintrag *Explorer*.

- ➢ Wählen Sie im Ordnerfenster das Laufwerk mit Ihrem Vorlagen-Ordner aus.

- ➢ Ziehen Sie das Dateisymbol vom Ordnerinhaltsfenster mit gedrückter linker Maustaste in die Schnellstartleiste.

- ➢ Von hier aus kann die Vorlage mühelos und ohne Umweg gestartet werden. Beim Anklicken wird eine neue Arbeitsmappe auf der Grundlage der Vorlage geöffnet.

Vorlagenerstellung und -organisation für den betrieblichen Schriftwechsel

3.7 Übungen Mustervorlagen:

1. Ihr Chef bittet Sie eine Mustervorlage für eine Standard-Angebots-Vorlage zu gestalten, die zukünftig alle Mitarbeiter nutzen sollen. Die Vorlage dient als Muster für Miet-Offerten. Mit den Offerten werden Kunden Staffelmieten für 4 Jahre angeboten. Nur die Basismiete für das 1 Jahr soll in die jeweilige Offerte eingetragen werden, die Netto-Mieten für die Jahre 2,3 und 4 erhöhen sich jeweils um 5 % und sollen durch eine Formel berechnet werden.

   Ferner soll zu jeder Netto-Miete die MwSt. und die Brutto-Miete (Netto-Miete + MwSt.) per Formel berechnet und ausgewiesen werden.

   Die Firma Mustermann Hausverwaltung OHG mit dem Sitz Teststraße 5 in 05000 Teststadt ist eine Offene Handelsgesellschaft und beim Amtsgericht Teststadt unter der Registernummer 0815 eingetragen. Alle Vorschriften zum Aufbau von Geschäftsbriefen laut HGB müssen beachtet werden.

2. Kein Mitarbeiter soll Tabellenblätter in den auf der Mustervorlage basierenden Arbeitsmappen löschen oder hinzufügen können. Schützen Sie das Blatt mit der Mustervorlage entsprechend.
3. Legen Sie eine Verknüpfung der Mustervorlage in der Schnellstartleiste Ihres Betriebssystems ab.
4. Platzieren Sie eine weitere Verknüpfung mit der Datei auf dem Desktop.

4 Datenorganisation und –Verwaltung

Einer der zentralen Punkte im kaufmännischen Unternehmen ist die effektive Verwaltung der Daten, die im Unternehmen anfallen. Zu diesen Daten zählen neben Auftrags- und Kundendaten auch Daten aus dem betrieblichen Rechnungswesen wie z.B. Angaben für Rechnungen.

Unter dem Begriff *Betriebliches Rechnungswesen* werden alle Verfahren zusammengefasst, die betriebliche Vorgänge wert- und mengenmäßig erfassen. Die Daten und Informationen stehen damit für interne und externe Zwecke zur Verfügung. Das betriebliche Rechnungswesen kann in 4 Bereiche unterteilt werden:

1. **Finanz- und Geschäftsbuchführung**
   Aufgaben: Buchung von Geschäftsvorfällen, Erstellung von Bilanzen / Gewinn- und Verlustrechnung, Erstellung des Jahresabschlusses.
   Ziel: Informationen für Unternehmensleitung, Gesellschafter, Banken.

2. **Kostenrechnung**
   Aufgaben: Zuordnung von betrieblich angefallenen Kosten zu Kostenarten, Kostenstellen und Kostenträger.
   Ziel: Kontrolle der anfallenden Kosten, Grundlage für kurzfristige Erfolgsrechnung und für die Preiskalkulation.

3. **Betriebswirtschaftliche Statistik und Vergleichsrechnung**
   Aufgaben: Zusammenstellung und Auswertung von Zahlen des Rechnungswesens.
   Ziel: Sammlung von Informationen als Grundlage für anfallende Entscheidungen.

4. **Planungsrechnung**
   Aufgabe: Sie soll die zukünftige betriebliche Entwicklung auf der Grundlage der vorhandenen Daten abschätzen. Dazu werden mathematische Rechenverfahren angewendet die unter Verwendung der vorhandenen Ist-Daten Zukunftsdaten abbilden sollen.
   Ziel: Konkretisierung der betrieblichen Zukunftsplanung. Sie soll dazu beitragen zu klären, was das Unternehmen heute veranlassen kann, um eine erfolgreiche Zukunft am Markt zu sichern.

Datenorganisation und –Verwaltung

Wir verbleiben im Bereich Finanzbuchführung in dem besondere formelle Vorschriften zu beachten sind. Diese dienen zum Beispiel dem Gläubigerschutz und der Rechenschaftslegung. Die Vorschriften werden unter den Obergriff „Grundsätze der ordnungsgemäßen Buchführung" (auch „GoB") geführt. Diese wiederum ergeben sich aus den Grundsätzen der ordnungsgemäßen Bilanzierung, welche sich auf die korrekte Erstellung des steuerlichen Jahresabschluss nach den Vorschriften des Handelsgesetzbuches (HGB) beziehen. Zu den GoB zählen unter anderen Regelungen bezüglich einer ordnungsgemäßen Dokumentation:

> **Vollständigkeitsgrundsatz:**
> Es müssen alle Geschäftsvorfälle gebucht werden und somit dürfen keine Transaktionen an den Büchern vorbeigehen.

> **Grundsatz der zeitgerechten Verfolgung aller Geschäftsvorfälle:**
> Die Geschäftsvorfälle müssen fortlaufend und chronologisch in richtiger Reihenfolge im Grundbuch (Journal) verbucht werden.

> **Belegprinzip:**
> Jeder Geschäftsvorfall muss anhand eines Beleges (Eigenbelege wie z.B. Materialentnahmeschein oder Fremdbelege) nachvollzogen werden können. Keine Buchung ohne Beleg.

Während die Grundsätze der ordnungsgemäßen Bilanzierung in der Regel in den Aufgabenbereich des Steuerprüfers fallen, hat jedes Unternehmen zumindest die Grundsätze der ordnungsgemäßen Dokumentation zu beachten.

Dieses spart uns nicht nur Kosten für den Aufwand des Steuerberaters, sondern ermöglicht einen fortwährenden Zugriff auf aktuelle Unternehmensdaten. So wissen wir beispielsweise nur bei einer kontinuierlichen Erfassung aller Kassenbelege, ob wir noch über genügend Bargeld verfügen.

4.1 Übungsbeispiel: Kassenbuch als Excel Liste

Als Beispiel aus der Praxis soll nun ein einfaches Kassenbuch mit Excel realisiert werden. Das Kassenbuch soll einen detaillierten Überblick über Ein- und Auszahlungen verschaffen und den aktuellen Kassenbestand anzeigen.

Das Kassenbuch ist ein Grundbuch der Buchführung, in dem chronologisch die Kasseneingänge und Kassenausgänge aufgezeichnet werden. (Grundsatz der ordnungsgemäßen Dokumentation). Aus der Kasse bezahlt das Unternehmen für gewöhnlich kleinere Geschäftsvorfälle (Kauf von Postwertzeichen, Auslagen der Mitarbeiter für Parkgebühren, Einkauf geringerer Mengen Büromaterial usw.).

Beim Entwurf des Kassenbuchs lassen wir zur Vereinfachung Angaben zu Buchungskonten unberücksichtigt. Ist das Unternehmen zur Führung einer doppelten Buchhaltung verpflichtet, können für eine spätere Kontierung der Kassenbelege entsprechende Spalten mit Soll- und Habenkonto ergänzt werden.

4.2 Grundsätzliche Begriffe zu den Excel-Listen

Das Kassenbuch soll als Excel-Liste entworfen werden, was den Vorteil hat, dass später verschiedene Verfahren für die Datenauswertung zur Verfügung stehen.

Bevor wir die Arbeit mit Excel-Listen beginnen, wollen wir zunächst einige Begriffe aus dem Datenbankbereich klären, die für ein besseres Verständnis dieses Themas nützlich sind. Eine typische Liste besteht immer aus einer Anzahl von Datensätzen, wobei eine zusammengehörende Menge einzelner Daten als Datensatz bezeichnet wird. Bei einem Adressbuch gehören z.B. immer Name, Nachname und Wohnort zusammen und bilden somit einen Datensatz. Dieses Prinzip verhindert, dass z.B. bei einer späteren Sortierung im Adressbuch Vornamen, Nachnamen und Wohnorte durcheinander gewürfelt werden.

Im folgenden Beispiel bilden die Daten *Datum*, *Vorgang*, *Belegnummer*, *Mitarbeiter Einnahme*, *Ausgabe* und *Saldo* **in jeder** Zeile einen zusammenhängenden Datensatz. Wir haben zunächst folgende Anforderungen an unser Kassenbuch:

- Das Kassenbuch soll die Ein- und Auszahlungen von Barbeträgen systematisch erfassen.

- Aus der Liste muss der Buchhaltung sofort der aktuelle Bargeldbestand in der Kasse ersichtlich werden.

- Das Kassenbuch soll eine Überwachung der Zahlungen ermöglichen und Aufschluss darüber geben, welcher Mitarbeiter Einzahlungen bzw. Auszahlungen geleistet hat.

Datenorganisation und –Verwaltung

4.3 Kassenbuchvorlage

Übung: Für das Kassenbuch wollen wir nun eine Vorlage entwickeln. Öffnen Sie dazu eine leere Arbeitsmappe und übertragen Sie die Vorgaben in das Tabellenblatt.

Der Saldo soll den aktuellen Kassenbestand wiedergeben und wird durch eine Formel berechnet, welche die Differenz von Einzahlungen zu Auszahlungen wiedergibt.

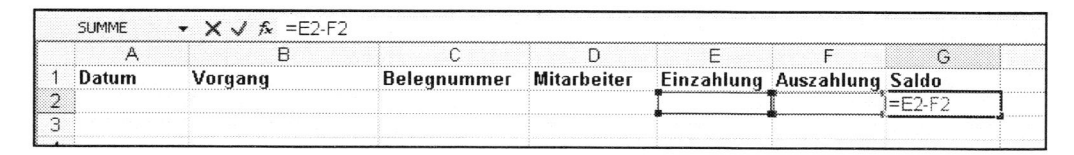

	A	B	C	D	E	F	G
1	Datum	Vorgang	Belegnummer	Mitarbeiter	Einzahlung	Auszahlung	Saldo
2							=E2-F2
3							

- Der Saldo in Zelle G2 soll den aktuellen Wert des Kassenbestandes wiedergeben. Am Jahresanfang wird hier der Anfangsbestand eingetragen. Dazu verwenden wir für Feld G2 die Formel: *=E2-F2*

- Zur Berechnung des aktuellen Kassenbestandes benötigen wir im Folgenden den Saldo der vorherigen Zeile zuzüglich der Einnahme oder abzüglich der Ausgabe aus der aktuellen Zeile. Als Formel ergibt sich somit für Zelle G3: *=G2+E3-F3*.

- Wir nutzen hier die relativen Bezüge und können die Formel in die Zellen G4 bis G.... kopieren. Da uns die genaue Anzahl von Kassenvorgängen nicht bekannt ist, kopieren Sie zunächst bis in Zelle G20.

Als Beispieldaten übertragen Sie bitte die Daten aus der folgenden Tabelle:

	A	B	C	D	E	F
1	Datum	Vorgang	Belegnr.	Mitarbeiter	Einzahlung	Auszahlung
2	37622	Anfangsbestand 01	12		500	
3	37628	Postwertzeichen	256	Schulze		25
4	37629	Geschäftsessen	320	Müller		120
5	37630	Bareinnahme Rechnung2710	340	Meier	120	
6	37631	Postwertzeichen	425	Schulze		15
7	37633	Büromaterial	428	Müller		56
8	37635	Büromaterial	430	Meier		32
9	37636	Postwertzeichen	428	Schulze		12
10	37637	Auslage Parkschein	430	Müller		4,5
11	37637	Geschäftsessen	432	Müller		135
12	37638	Auslage Fracht	439	Meier		120

4.4 Erweiterung des Kassenbuchs um einen Saldobereich

Übung: Zurzeit wird der Saldo in jeder Zeile neu berechnet und angezeigt. Ziel soll erst jetzt sein, dass der Saldo über der Tabelle angezeigt wird, ohne dass ein Blättern in der Tabelle erforderlich wird. Wir ergänzen auch eine Überschrift.

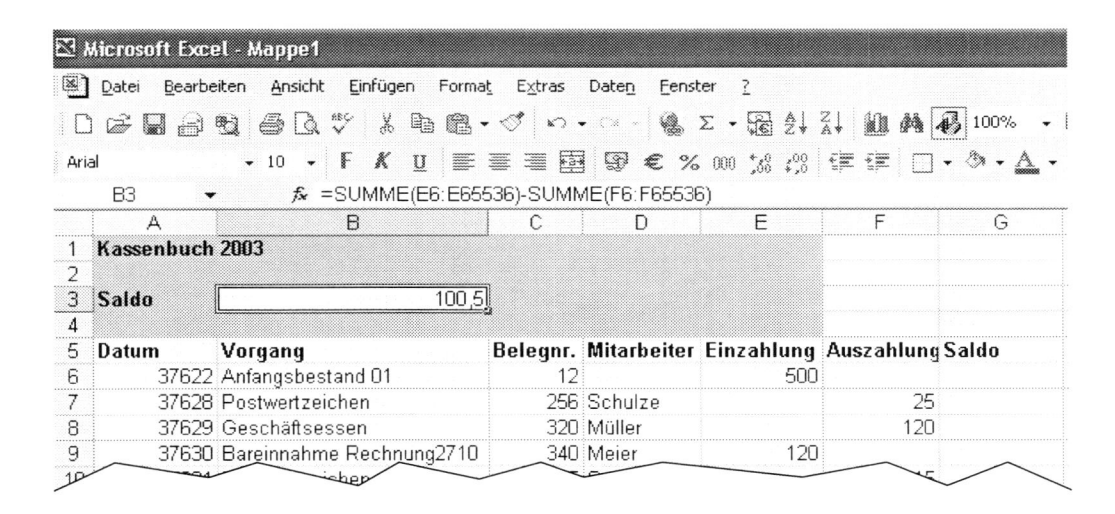

- Zur Ergänzung des Bereiches fügen Sie zunächst über den Tabellenüberschriften 4 Zeilen ein. Markieren Sie dazu die Zeilenköpfe 1-4 mit gedrückter linker Maustaste. Klicken Sie mit der rechten Maustaste auf die Markierung und wählen Sie im Kontextmenü den Eintrag *Zellen einfügen*.

- Ergänzen Sie Überschrift *Kassenbuch 2003*, den Eintrag *Saldo*, das Saldo-Feld in Zelle B3 und die Füllfarbe gemäß der Vorlage.

- Die Saldo-Formel muss nun verändert werden, da wir mit einer unbekannten Zahl von Kassenvorgängen rechnen wollen.

Wenn wir eine unbegrenzte Zahl von Kassenvorgängen einplanen wollen, bietet es sich für die Einzahlungen und Auszahlungen an, alle Zellen der jeweiligen Spalte zu berücksichtigen. Also über alle 65536 Zeilen. Somit ergibt sich der Saldo aus der Summe aller Einzahlungen abzüglich der Summe aller Auszahlungen:

=summe(E6:E65536)-summe(F6:65536)

Jetzt können alle 65536 Zeilen mit Kassenvorgängen gefüllt werden. Selbst wenn wir diese Zahl nicht erreichen, ergeben sich für uns mit dieser Verfahrensweise beim späteren Ausdruck keine Nachteile: Excel druckt generell nur Bereiche mit Inhalten in Form von Einträgen. Auch mögliche Formatierungen über ganze Zeilen oder Spalten bleiben beim Druck unberücksichtigt.

4.5 Fixierung der Tabellenüberschriften und Saldoberechnung

Der nächste Schritt soll das Entnehmen von Informationen aus dem Kassenbuch einfacher und übersichtlicher gestalten. Bislang werden Überschriften und der Saldobereich beim Scrollen (Blättern) in untere Zeilen verblättert. Zielsetzung soll es jetzt sein, dass die Überschriften und der Saldo beim Blättern im Kassenbuch an Ihrer Position verbleiben, damit wir den Wert auf dem ersten Blick ohne aufwendiges Blättern entnehmen können. Dazu nutzen wir eine spezielle Funktionalität von Excel:

- Generell wird immer ein Bereich über **und** links neben dem aktiven Zellcursor fixiert. Da wir nur den Saldobereich über Zeile 6 fixieren wollen, setzen die den aktiven Zellcursor in Zelle **A6**. Das verhindert die Fixierung eines Bereiches links neben dem aktiven Zellcursor.

- Rufen Sie den Menüpunkt FENSTER – FENSTER FIXIEREN auf. Der Bereich über der Zeile 6 ist nun fixiert. Jetzt können Sie innerhalb des Kassenbuchs blättern, der Saldobereich bleibt im Arbeitsfenster an seiner Position.

- Möchten Sie Fixierung rückgängig machen, wählen Sie im Menü FENSTER – FIXIERUNG AUFHEBEN.

4.6 Datenerfassung mit der Datenmaske

Zur Erfassung von Daten kann die Datenmaske von Excel verwendet werden. Durch die Verwendung Datenmaske wird die Wahrscheinlichkeit von Fehlern, die aufgrund von Sprüngen zwischen den einzelnen Zellen entstehen, verringert. Da berechnete Zellen in der Datenmaske ausgeblendet werden, ist ein irrtümliches Überschreiben der Formel nicht möglich.

- Setzen Sie den Zellcursor in die Zeile mit den Überschriften. Z.B. in Zelle A5. Rufen Sie den Menüpunkt DATEN - MASKE auf.

- Es öffnet sich die Datenmaske in der die Daten zu den Tabellenüberschriften in Felder eingegeben werden können.

- Das Feld mit dem Saldo wird bei der Eingabe gesperrt, was ein Überschreiben der Formel verhindert.

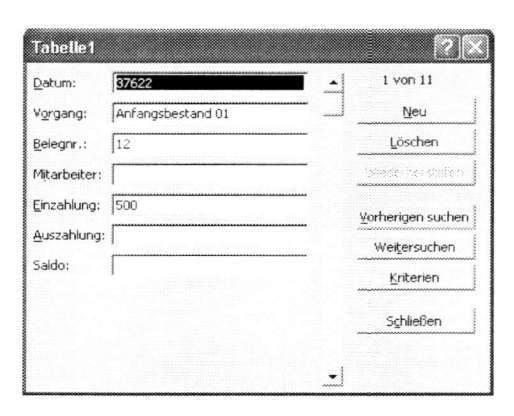

Die Erfassung der Daten erfolgt direkt in die Felder. Zum Springen von einem Feld in das Nächste kann die TABULATOR-Taste verwendet werden.

4.7 Dateneingabe mit selbstdefinierten Dropdownfeld vereinfachen

Als Nächstes wollen wir die Dateneingabe dahingehend vereinfachen, dass beim Anklicken der Eingabezelle ein Dropdownmenü aktiviert wird, aus welchem ein bestimmter Eintrag ausgewählt werden kann.

Im Feld Mitarbeiter soll ein Dropdownmenü bei der Eingabe erscheinen, aus welchem der jeweilige Mitarbeiter ausgewählt werden kann.

Übung: Um das Dropdownfeld in das Kassenbuch einzubinden, benötigen wir zunächst eine Liste mit den in Frage kommenden Mitarbeitern. Diese Liste muss sich im gleichen Tabellenblatt befinden. Legen Sie daher rechts neben dem Kassenbuch eine Liste mit Mitarbeitern Meier, Müller, Schulze und N.N. (No Name) an.

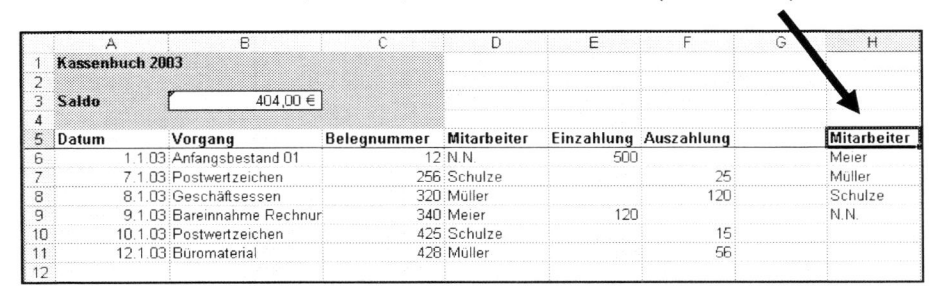

Dropdownelemente zuweisen

> - Markieren Sie den Bereich, in welchem die Dropdownmenüs mit den Mitarbeitern erscheinen sollen. Im Beispiel also die Zellen D6 bis D65536.

> - Rufen Sie den Menüpunkt DATEN - GÜLTIGKEIT das Dialogfeld *Gültigkeitsprüfung* auf

> - Wählen Sie im Register Einstellungen unter dem Kriterium *Zulassen* den Wert *Liste* aus.

> - Setzen Sie den Cursor in den Bereich Quelle. Markieren Sie mit gedrückter linker Maustaste die Liste mit den Mitarbeitern ohne die Überschrift.

> - Kontrollieren Sie, dass die Kontrollfelder *Leere Zellen ignorieren* und *Zellendropdown* aktiviert sind. Schließen Sie das Dialogfeld mit dem Schalter OK.

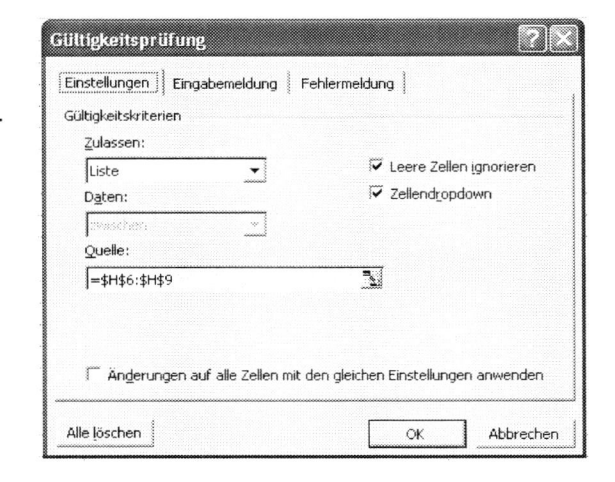

Datenorganisation und –Verwaltung

Bei der nächsten Eingabe eines Datensatzes in die Tabelle erscheint das Dropdownmenü mit der Mitarbeiterauswahl, sobald der aktive Zellcursor auf eine Zelle der Spalte Mitarbeiter gesetzt wird.

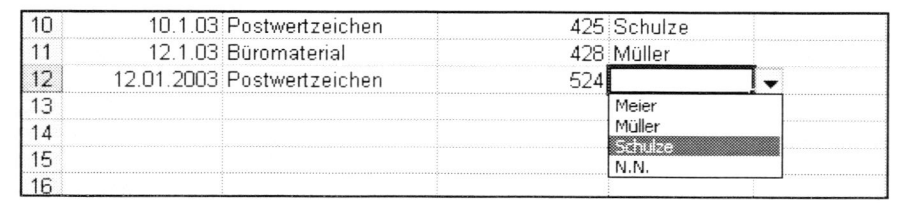

10	10.1.03	Postwertzeichen	425	Schulze
11	12.1.03	Büromaterial	428	Müller
12	12.01.2003	Postwertzeichen	524	
13				Meier
14				Müller
15				Schulze
16				N.N.

Tipp: Sollte die Spalte *Mitarbeiter* bei der Arbeit stören, kann diese zum Beispiel im Tabellenblatt ausgeblendet werden.

Übung Ausblenden

> Markieren Sie die Spalte oder Zeile die ausgeblendet werden soll. Beispielsweise Spalte H aus der aktuellen Übung.

> Klicken Sie mit der rechten Maustaste auf die Markierung.

> Wählen Sie aus dem Kontextmenü den Eintrag AUSBLENDEN.

Übung Einblenden

> Markieren Sie beide benachbarte Spalten der Spalte die ausgeblendet ist. Bei Spalte H also Spalte G und Spalte I.

> Klicken Sie mit der rechten Maustaste auf die Markierung

> Wählen Sie aus dem Kontextmenü den Eintrag EINBLENDEN.

Hinweis: Bei der Verwendung von selbstdefinierten Dropdownfeldern ist darauf zu achten, dass diese leider nicht zusammen mit der Datenmaske genutzt werden können. Es kann daher entweder mit der Datenmaske oder mit den Dropdownfeldern gearbeitet werden.

4.8 Einfache Auswertung der Daten durch Sortieren

Oft reich zum Gewinn einer bestimmten Information schon das Sortieren der Kassenbucheinträge aus. Beim Sortieren wird ein vorher markierter Bereich nach einem bestimmten Vorgabekriterium sortiert. Wollen wir zum Beispiel den höchsten Betrag ermitteln, der durch die Kasse erstattet wurde, sortieren wir die Spalte Auszahlung in der folgenden kleinen Übung nach abnehmenden Beträgen:

> - Setzen Sie den Zellcursor dazu auf einen auf ein beliebiges Element der betreffenden Spalte, nach der die Liste sortiert werden soll. Beachten Sie dabei, dass der Zellcursor nicht in den fixierten Bereich oberhalb Zeile 6 platziert werden darf.
>
> - Klicken auf das Symbol Absteigend sortieren.
>
> - Für eine aufsteigende Sortierung wählen Sie den zweiten Schalter

Da die Einträge in einer Zeile als zusammengehöriger Datensatz erkannt werden, erfolgt eine Sortierung der vollständigen Datensätze nach dem jeweiligen Spaltenkriterium.

Eine weitere Verfahrensweise für das Sortieren ist das Markieren der gesamten Tabelle. Es sollte aber darauf geachtet werden, dass nicht irrtümlich nur ein Teilbereich der Tabelle markiert wird, auf den dann die Sortierung direkt angewendet wird. Dabei besteht die Gefahr, dass die Datensätze durcheinander gebracht werden und die einzelnen Vorgangsdaten nicht mehr zum Vorgang passen.

TIPP: Entweder Sie setzen nur den aktiven Zellcursor in die Spalte, die sortiert werden soll, oder Sie markieren die komplette Tabelle.

Datenorganisation und –Verwaltung

4.9 Daten mit dem Autofilter auswerten

4.9.1 Autofilter einfügen

Der Autofilter ermöglicht es, dass aus einer komplexen Liste nur bestimmte Datensätze herausgefiltert werden, die ein oder mehrere festgelegte Kriterien erfüllen. Bei unserem Kassenbuch könnte es zum Beispiel interessant sein zu Erfahren, welcher spezielle Mitarbeiter Einzahlungen oder Entnahmen getätigt hat. Zur Anwendung des Autofilters verfahren wir folgendermaßen:

- Markieren Sie die Spaltenüberschriften in denen ein Autofilter gesetzt werden soll. Im Beispiel wählen Sie am besten die Zellen A5 bis F5 aus. Sollen alle Überschriften mit einem Autofilter versehen werden, platzieren Sie den Zellcursor auf **eine** beliebige Zelle mit einer Spaltenüberschrift.

- Rufen Sie den Menüpunkt DATEN – FILTER – AUTOFILTER auf. Neben den Spaltenüberschriften erscheinen nun Schaltflächen für ein Dropdownmenü.

Aus diesem Dropdownmenü kann ein besonderes Filterkriterien gewählt werden. Klicken Sie auf den Schalter für das Dropdownmenü zur Spalte *Mitarbeiter*, öffnet sich eine Liste mit den Mitarbeitereinträgen Meier, Müller, Schulze und N.N.

Aktivieren von Filterkriterien:
Wenn Sie jetzt überprüfen möchten welche Einnahmen und Auszahlungen der Mitarbeiter Herr Schulze getätigt hat, wählen Sie den Eintrag Schulze aus dem Dropdownmenü aus und alle Vorgänge anderer Mitarbeiter werden ausgeblendet.

Um den Filter wieder zurückzusetzen, klicken Sie erneut auf den Schalter für das Dropdownmenü und wählen Sie den Eintrag *(Alle)*.

4.9.2 Filterkriterien im Überblick

Kriterium	Bedeutung
Alle	Es wurde in dieser Spalte kein Filterkriterium gesetzt und es werden entsprechend alle Einträge angezeigt
Top 10	Es werden die X Obersten/ Untersten Elemente/ Prozent angezeigt. X steht hier für eine beliebige Zahl, die Sie mit dem Feld beliebig vorgegeben können.
Benutzerdefiniert	Hier können mehrere Kriterien als Filter eingesetzt werden, die bestimmte Bedingungen vorgegeben. Denkbar wäre nach den Vorgängen des Mitarbeiters Schulze UND den Vorgängen von Meier zu suchen.
Leere	Dieses Kriterium erscheint nur, wenn sich in der Spalte leere Felder befinden. Es werden nur die Datensätze mit leeren Zellen angezeigt. Sinnvoll ist das Kriterium bei der Überprüfung der Kassenbucheinträge auf fehlende Eingaben.
NichtLeere	Es werden nur nicht leere Zellen (also mit Einträgen) angezeigt.

4.9.3 Autofilter entfernen

Zum Entfernen der Autofilter wählen Sie im Menü DATEN - FILTER den Eintrag AUTOFILTER. Ein vorher aktivierter Autofilter wird daraufhin deaktiviert und Excel zeigt wieder die vollständige Liste ohne Schalter für die Autofilter an.

Datenorganisation und –Verwaltung

4.10 Komplexe Auswertungen mit Teilergebnissen

Bei komplexen Auswertungen, in denen Einträge gruppiert und nach vorgegebenen Kriterien berechnet werden sollen, bietet sich das Arbeiten mit Teilergebnissen an.

Um die Funktionsweise zu verdeutlichen möchten wir wissen, welche Auszahlungs-Summen unsere einzelnen Mitarbeiter aus der Kasse entnommen haben. Dazu sollen die einzelnen Beträge zu den Mitarbeitern ohne ein aufwendiges Aufsummieren per Hand ermittelt werden:

> ➢ Setzten Sie den aktiven Zellcursor auf eine Zelle der Spalte, nach welcher eine Gruppierung erfolgen soll. Wählen Sie zum Beispiel Zelle D6.
>
> ➢ Sortieren Sie die Spalte Mitarbeiter mit dem Symbolschalter *Aufsteigend sortieren*.
>
> ➢ Rufen Sie das Menü DATEN – TEILERGEBNISSE auf. Wählen Sie im Dropdownmenü *Gruppieren nach* den Eintrag Mitarbeiter.
>
> ➢ Wählen Sie im Dropdownmenü *Unter Verwendung von* den Eintrag *Summe* aus.
>
> ➢ Im Bereich *Teilergebnisse addieren zu* aktivieren Sie das Kontrollkästchen neben dem Eintrag *Auszahlung*.
>
> ➢ Bestätigen Sie die Eingaben mit einem Klick auf OK.

Datenorganisation und –Verwaltung

In der Spalte Mitarbeiter finden Sie nun eine Zusammenfassung der Auszahlungen zu den einzelnen Mitarbeitern in fetter Darstellung. Am linken Rand erscheint eine Gliederung mit 3 Gliederungsebenen, die Sie durch Anklicken auf die Zahlenschalter 1, 2 und 3 einblenden und ausblenden können.

In der Gliederungsebene 3 werden sowohl die Teilergebnisse, die Teilsummen und die Gesamtsumme angezeigt.

In der Gliederungsebene 2 werden nur die Teilsummen und die Gesamtsumme angezeigt. Durch Klicken auf die Schalter können die Teilergebnisse ein-/ oder ausgeblendet werden

In der Gliederungsebene 1 wird nur die Gesamtsumme angezeigt.

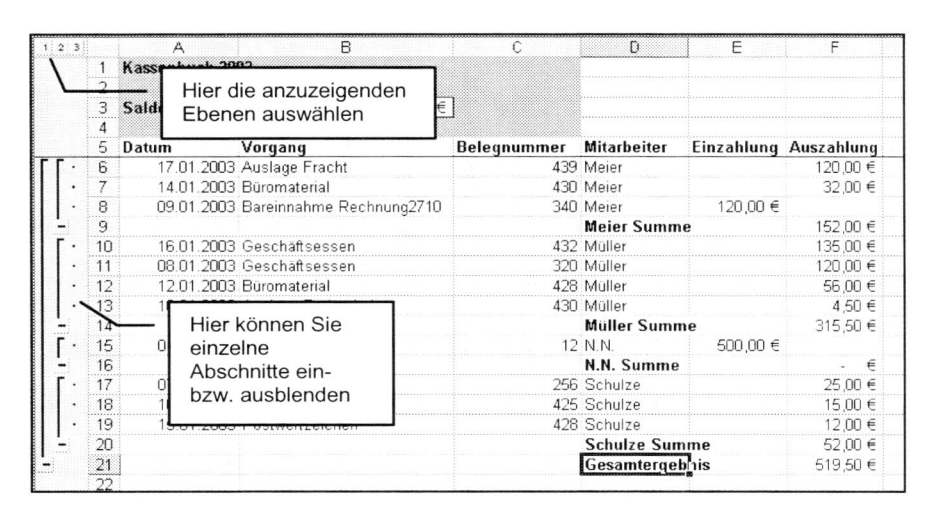

Teilergebnisse entfernen

> Setzen Sie den aktiven Zellcursor in den Bereich der Liste. Zum Beispiel auf D21.

> Wählen Sie im Menü DATEN – TEILERGEBNISSE.

> Klicken Sie auf dem Schalter *Alle entfernen*. Schließen Sie das Dialogfeld mit dem Schalter *OK*.

4.11 Übungen Datenorganisation und –Verwaltung

1. Für Ihr Unternehmen sollen Sie eine kleine Liste anlegen mit der Sie feststellen können, welche Ausgangsrechnungen in welcher Höhe bezahlt wurden. Legen Sie die Liste gemäß der Vorlage an:

   Entwickeln Sie eine Formel für den Stand der offenen Forderungen (Spalte OP). Beachten Sie, dass die Zahl der folgenden Rechnungen zum jetzigen Zeitpunkt unbekannt ist und die Liste entsprechend ergänzt werden muss.

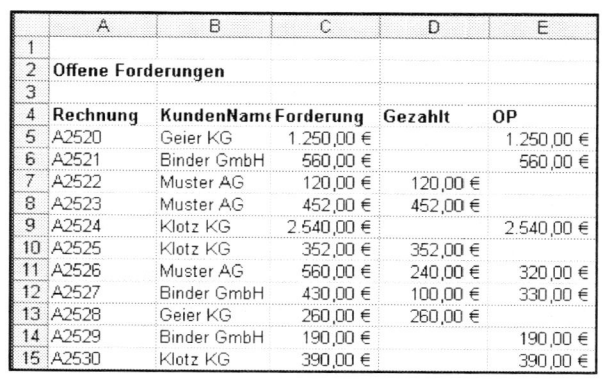

	A	B	C	D	E
1					
2	Offene Forderungen				
3					
4	Rechnung	KundenName	Forderung	Gezahlt	OP
5	A2520	Geier KG	1.250,00 €		1.250,00 €
6	A2521	Binder GmbH	560,00 €		560,00 €
7	A2522	Muster AG	120,00 €	120,00 €	
8	A2523	Muster AG	452,00 €	452,00 €	
9	A2524	Klotz KG	2.540,00 €		2.540,00 €
10	A2525	Klotz KG	352,00 €	352,00 €	
11	A2526	Muster AG	560,00 €	240,00 €	320,00 €
12	A2527	Binder GmbH	430,00 €	100,00 €	330,00 €
13	A2528	Geier KG	260,00 €	260,00 €	
14	A2529	Binder GmbH	190,00 €		190,00 €
15	A2530	Klotz KG	390,00 €		390,00 €

2. Die Spaltenüberschriften oben im Tabellenblatt sollen fixiert werden. Nehmen Sie die erforderlichen Einstellungen vor.

3. Werten Sie die Liste mit dem Autofilter aus und stellen Sie fest, welche Rechnungen an die Firma *Muster AG* gegangen sind.

4. Sie möchten in Erfahrung bringen, welche Gesamtforderungen an Ihre einzelnen Kunden gestellt wurden. Werten Sie die Tabelle entsprechend aus.

5 Die betriebswirtschaftliche Statistik

5.1 Aufgaben der betriebswirtschaftlichen Statistik

Die Aufgaben der betriebswirtschaftlichen Statistik bestehen darin, komplexe Daten aus betrieblichen Tatbeständen und Entwicklungen zu sammeln und diese anschaulich und übersichtlich darzustellen. Anhand der statistischen Darstellung erfolgt dann die Auswertung und Deutung der Daten. Die Statistik ist also eine Technik, wie Daten gesammelt und verarbeitet werden. Statistiken stellen somit eine wichtige Entscheidungshilfe für das betriebliche Handeln dar.

Die Leitung einer KFZ-Werkstatt überlegt sich zum Beispiel, ob eine neue zusätzliche Hebebühne angeschafft werden soll. Da die eigenen Auftragsbücher nur einen zeitlich begrenzten Überblick verschaffen, ist die zukünftige Auftragslage im Wesentlichen unbekannt. Hier können jedoch die Auftragsdaten aus der Vergangenheit als Grundlage für die Entscheidungsfindung dienen. Eine Statistik über die vergangenen Jahre kann dabei z.B. klären:

- Hat das Auftragsvolumen über die Jahre zu- oder abgenommen?
- Gab es über das Jahr verteilt Auftragsspitzen, oder hatte die vorhandene Hebebühne eine permanente und konstante Auslastung?
- Gab es bereits zu einem früheren Zeitpunkt Kapazitätsengpässe?
- Gab es Reklamationen wegen verspäteter Auslieferung und wenn ja, wie viele?

Weist die Statistik über die Jahre beispielsweise eine steigende Anzahl von Aufträgen aus, liegt als Prognose die Vermutung nahe, dass sich dieser Trend fortsetzen wird. Ist gleichzeitig die Anzahl der Reklamationen wegen zu langer Reparaturzeiten gestiegen, sollte die Anschaffung einer weiteren Hebebühne ernsthaft in Betracht gezogen werden.

Aus dem Beispiel wird ersichtlich, dass eine Statistik dem Unternehmer Entscheidungen letztendlich nicht abnimmt. Sie kann jedoch einen Entwicklungstrend aufzeigen und somit zur Verbesserung der Planungssicherheit beitragen.

5.2 Grundsätzliche Überlegungen zum Aufbau der Statistik

Bevor wir eine Statistik in Excel erstellen wollen, sind zunächst einige Fragen zu klären, die für den Aufbau und die Strukturierung der Statistik von elementarer Bedeutung sind:

- Welche Informationen möchte ich konkret auswerten und wie komplex wird die Statistik?
- Woher bekomme ich meine Daten?
- Welche Daten erwarte ich als Ergebnis? (Was will ich wissen?)
- Welche Daten können ausgelassen werden? So wird zum Beispiel eine Bank, die einen Überblick über ausstehende Forderungen für eine Kreditvergabe verlangt, kein Interesse an konkreten Daten der Auftragsabwicklung haben.
- Soll die Statistik eine Entwicklung über einen Zeitraum oder Werte auf einen bestimmten Zeitpunkt bezogen darstellen?
- Welchen Zeitraum soll die Statistik erfassen: Tage, Monate oder Jahre?
- Ist bereits jetzt ersichtlich, dass die Statistik zu einem späteren Zeitpunkt um weitere Werte ergänzt wird? Müssen dann ggf. zusätzliche Berechnungen durchgeführt werden?

Nachdem die aufgeführten Fragen geklärt wurden, kann die Planung für den Aufbau der Statistik beginnen.

5.3 Die Erfolgsstatistik als Fallbeispiel

Als Fallbeispiel dient im Folgenden eine KFZ-Werkstatt, die mehrere Geschäftsbereiche abdeckt. Dazu zählen die Bereiche Reparatur, Erstellung von Gutachten und Handel mit Ersatzteilen.

Der Geschäftsführer will feststellen, ob seine Geschäftsbereiche rentabel arbeiten. Er benötigt dafür einen klaren Überblick über die im Monat erledigten Aufträge und die Erlössituation. Die Statistik soll darüber Aufschluss geben, welcher Erlös pro Mitarbeiter erzielt wird. In einem Diagramm sollen die anteiligen monatlichen Deckungsbeiträge pro Geschäftsbereich dargestellt werden. Ein weiteres Ergebnis soll die Darstellung der zeitlichen Entwicklung der Gesamtaufträge für das Quartal sein.

Zu einer ausführlichen Beschreibung der Bedeutung und Berechnung des Deckungsbeitrages kommen wir im Kapitel „Preiskalkulation".

Die betriebswirtschaftliche Statistik

Übung1: Übertragen Sie zunächst die folgende Statistik in eine neue Arbeitsmappe. Berechnen Sie die Gesamtwerte und entwickeln Sie die Formeln für die Deckungsbeiträge und Summen. Berechnen Sie den Deckungsbeitrag (DB 1), den DB 1 pro Mitarbeiter und die Aufträge pro Mitarbeiter.

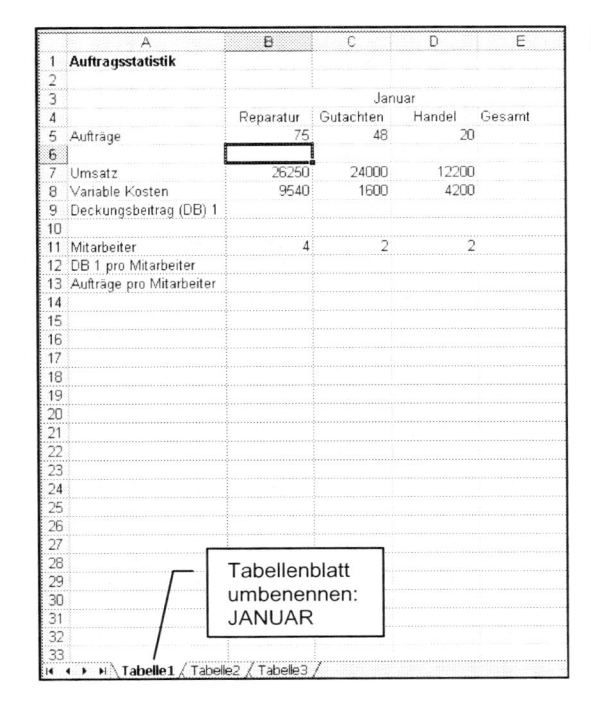

	A	B	C	D	E
1	Auftragsstatistik				
2					
3			Januar		
4		Reparatur	Gutachten	Handel	Gesamt
5	Aufträge	75	48	20	
6					
7	Umsatz	26250	24000	12200	
8	Variable Kosten	9540	1600	4200	
9	Deckungsbeitrag (DB) 1				
10					
11	Mitarbeiter	4	2	2	
12	DB 1 pro Mitarbeiter				
13	Aufträge pro Mitarbeiter				

Tabellenblatt umbenennen: JANUAR

Lösungen:

- Der DB 1 errechnet sich aus dem Umsatz, abzüglich der variablen Kosten. Als Formel setzen wir in Zelle B9 ein **=B7-B8**. Die Formel kopieren wir mit *der Ausfüllen-Funktion* in C9, D9 und E9.

- Der DB1 pro Mitarbeiter ist der DB 1-Betrag dividiert durch die Mitarbeiterzahl. In Zelle B12 setzen wir ein **=B9/B11**. Die Formel kopieren wir mit der *Ausfüllen-Funktion* in C12, D12 und E12.

- Die Aufträge pro Mitarbeiter errechnen sich aus der Zahl der Aufträge dividiert durch die Zahl der Mitarbeiter. In Zelle B12 setzen wir die folgende Formel ein: **=B5/B11**. Die Formel kopieren wir mit der *Ausfüllen-Funktion* in C13, D13 und E13.

- Die fehlenden Gesamtwerte werden mit der SUMMEN-Funktion berechnet und in dann kopiert. Für Zelle E5 ergibt sich beispielsweise die Formel **=SUMME(B5:D5)**.

Übung 2: Benennen Sie das Tabellenblatt mit *Januar*.

- Zum Umbenennen des Tabellenblattes klicken Sie mit der rechten Maustaste auf das Tabellenregister *Tabelle1*.
- Im Kontextmenü wählen Sie den Befehl Umbenennen.
- Nennen Sie das Tabellenblatt *Januar*.

Benennen Sie nach dem gleichen Verfahren die weiteren Tabellenblätter *Tabelle2* und *Tabelle3* in *Februar* und *März*.

5.4 Verknüpfung von Tabellenblättern (3D-Verknüpfungen)

Besonders bei sehr umfangreichen Statistiken ist es aus Gründen der Überschaubarkeit sinnvoll, die Daten auf mehrere Tabellenblätter zu verteilen und diese miteinander zu verknüpfen. Ziel sollte es immer sein ein einzelnes Tabellenblatt nicht mit Informationen zu überladen. Eine allzu umfangreiche Statistik findet Ihre Grenzen spätestens beim Ausdruck, wenn Inhalte in mikroskopisch kleiner Schrift zu Papier gebracht werden. Dann kann zumeist nur eine Definition verschiedener Druckbereiche helfen.

Auch wenn die Nutzung eines separaten Tabellenblattes für eine verhältnismäßig kleine Tabelle oftmals als übertrieben empfunden wird, nehmen Sie grundsätzlich eine großzügige Aufteilung vor. Praktikabel ist in unserem Beispiel eine Aufteilung nach Monaten. Dazu nehmen wir eine Aufteilung in Tabellenblatt = Monat vor.

Unsere Statistik soll nun monatsweise geführt werden. Gleichzeitig möchten wir jedoch wissen, wie die Quartalsergebnisse aussehen. Wir ergänzen daher die Statistik um ein Sammelblatt mit den summierten Werten für die Monate.

> Fügen Sie dazu ein weiteres Tabellenblatt ein. Benennen Sie das Register *Tabelle4* in *1_Quartal* um.

> Kopieren Sie die Tabelle aus dem Januar in die Tabellen *Februar*, *März* und *1_Quartal*. Achten Sie darauf, dass die Tabellen in die identischen Zellbereiche kopiert werden. Ändern Sie die Überschrift in *Februar*, *März* und *1_Quartal*.

> Entfernen Sie die Januar-Daten aus den neuen Tabellenblättern. Lassen Sie dabei die Formeln unverändert, da die Berechnungen in jedem Monat gleich sind.

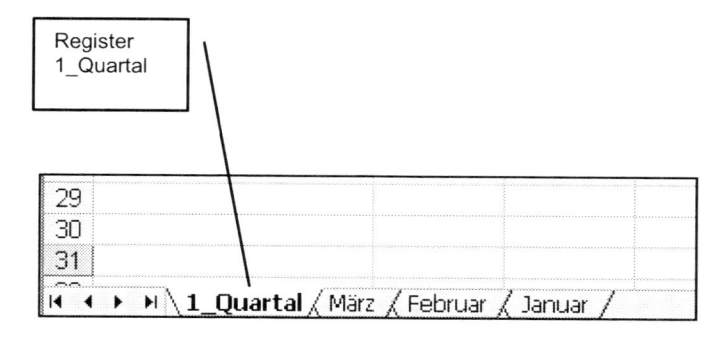

Die betriebswirtschaftliche Statistik

Beachten Sie, dass sich nur variablen Daten für Aufträge, Umsatz und variable Kosten ändern. Die fett gedruckten Werte werden durch Formeln berechnet. Ausnahme: Die Zahl der Mitarbeiter. Diese bleibt jedoch unverändert!

> Nehmen Sie jetzt die erforderlichen Formatierungen vor und geben Sie bitte für die Monate Februar und März die folgenden Daten ein:

Februar:

	A	B	C	D	E
1	Auftragsstatistik				
2					
3			**Februar**		
4		Reparatur	Gutachten	Handel	Gesamt
5	Aufträge	65	36	18	**119**
6					
7	Umsatz	24560,00	21500,00	11200,00	**57260,00**
8	Variable Kosten	8735,00	1821,00	3570,00	**14126,00**
9	Deckungsbeitrag (DB) 1	**15825,00**	**19679,00**	**7630,00**	**43134,00**
10					
11	Mitarbeiter	4	2	2	8
12	DB 1 pro Mitarbeiter	**3956,25**	**9839,50**	**3815,00**	**5391,75**
13	Aufträge pro Mitarbeiter	**16,25**	**18**	**9**	**14,875**
14					

März:

	A	B	C	D	E
1	Auftragsstatistik				
2					
3			**März**		
4		Reparatur	Gutachten	Handel	Gesamt
5	Aufträge	70	45	19	**134**
6					
7	Umsatz	24560,00	26870,00	16450,00	**67880,00**
8	Variable Kosten	10050,00	1740,00	3956,00	**15746,00**
9	Deckungsbeitrag (DB) 1	**14510,00**	**25130,00**	**12494,00**	**52134,00**
10					
11	Mitarbeiter	4	2	2	8
12	DB 1 pro Mitarbeiter	**3627,50**	**12565,00**	**6247,00**	**22439,50**
13	Aufträge pro Mitarbeiter	**17,5**	**22,5**	**9,5**	**49,5**
14					

> Nun sollen die Daten der 3 Monate zu einem Überblick über das erste Quartal addiert werden. Wechseln Sie dazu zum Tabellenblatt „1._Quartal"

Die betriebswirtschaftliche Statistik

1_ Quartal

	A	B	C	D	E
1	**Auftragsstatistik**				
2					
3			1. Quartal - GESAMT		
4		Reparatur	Gutachten	Handel	Gesamt
5	Aufträge				0
6					
7	Umsatz				0,00
8	Variable Kosten				0,00
9	Deckungsbeitrag (DB) 1	0,00	0,00	0,00	0,00
10					
11	Mitarbeiter	4	2	2	8
12	DB 1 pro Mitarbeiter	0,00	0,00	0,00	0,00
13	Aufträge pro Mitarbeiter	0	0	0	0
14					

Im Register *1.Quartal* befinden sich noch keine Werte. Im Tabellenblatt sollen jetzt die Summen der Einzelwerte aus den Monaten *Januar*, *Februar* und *März* berechnet werden. Für die Berechnung entwickeln wir eine Verknüpfung, damit spätere Änderungen der Einzelwerte im Tabellenblatt *1_Quartal* sofort rechnerisch berücksichtigt werden.

> ➢ Setzen Sie den aktiven Zellcursor im Register *1_ Quartal* auf die Zelle B5. Hier soll die Summe aller Reparaturaufträge für das 1. Quartal gebildet werden.

> ➢ Geben Sie das „="-Zeichen für die Formeleingabe ein und wechseln Sie in das Register *Januar*.

> ➢ Klicken Sie im Register *Januar* auf die Zelle B5 mit dem Wert 75 für die Reparaturaufträge. Die Zelle B5 wird daraufhin mit einem Laufrahmen umgeben und in der Bearbeitungszeile erscheint die Formel **=Januar!B5**. Dieser Bezug zeigt auf die Zelle **B5** im Tabellenblatt **Januar**. Das „!"-*Zeichen* innerhalb des Bezuges trennt den Namen des Tabellenblattes von der Zellenangabe ab.

> ➢ Geben Sie nun das „+"- Zeichen für die Addition der Werte ein und wechseln Sie in das Register *Februar*.

> Klicken Sie im Register FEBRUAR auf die Zelle B5 mit dem Wert 65 für die Reparaturaufträge.

> Geben Sie das „+" - Zeichen für die Addition der Werte ein und wechseln Sie in das Register *März*.

> Klicken Sie im Register *März* auf die Zelle B5 mit dem Wert 70. Die Addition der drei Werte ist somit komplett. Drücken Sie die ENTER-Taste.

Im Register 1. Quartal erscheint nun in Zelle B5 die Summe der Reparaturaufträge für die 3 Monate. Die vollständige Formel lautet:

=Januar!B5+Februar!B5+März!B5.

Übung: Führen Sie das gleiche Verfahren für die Summierung der Aufträge im Bereich Gutachten durch.
Nachdem Sie die Formel erstellt haben, können Sie diese auf die weiteren Felder im Register *1_Quartal* kopieren. Da Excel bekanntlich mit relativen Bezügen arbeitet, werden die Formeln entsprechend angepasst.

Sie haben nun die Tabellenblätter miteinander verknüpft. Die Statistik könnten Sie nun um die restlichen 9 Monats- und 3 Quartals-Register ergänzen. Weiterhin steht genug Platz zur Verfügung, um der Statistik weitere Tabellenblätter für Summen oder Auswertungen hinzuzufügen.

Die betriebswirtschaftliche Statistik

5.5 Gruppieren von Tabellenblättern

Sofern Sie bereits sämtliche Tabellen eingefügt und benannt haben würde eine nachträgliche Veränderung bedeuten, dass Sie jedes Tabellenblatt erneut bearbeiten müssten. Um Veränderungen an mehreren oder allen Tabellenblättern gleichzeitig vornehmen zu können, haben Sie die Möglichkeit Tabellenblätter zu Gruppieren.

Um beispielsweise ein einheitliches Erscheinungsbild der einzelnen Monate zu erstellen, soll die Spalte A in allen Blättern auf eine Breite von 21 Punkten gesetzt werden. Dazu bringen wir die Tabellenblätter zunächst in die richtige Reihenfolge:

Übung: Tabellenblätter verschieben

Um einzelne Tabellenblätter zu verschieben stehen wie immer verschiedene Verfahrensweisen zur Verfügung. Das Verschieben des Tabellenblatts mit der Maus im Register ist nur eine Methode:

- ➢ Klicken Sie mit gedrückter linker Maustaste auf das Tabellenregister, welches Sie verschieben möchten. Der Mauszeiger wird als Pfeil mit einem Dokumentensymbol dargestellt und links über dem Register erscheint eine schwarze Markierung.

- ➢ Schieben Sie nun bei gedrückter linker Maustaste das Register auf eine andere Position. Die schwarze Markierung zeigt dabei an *vor* welches Registerblatt das aktuelle markierte Blatt verschoben wird.

- ➢ Sobald die schwarze Markierung an der richtigen Position im Register steht, lassen Sie die linke Maustaste los und das Tabellenblatt wird an diese Stelle verschoben.

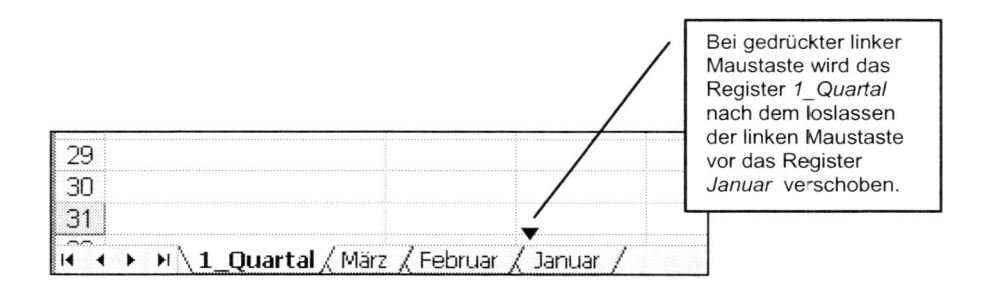

> Bei gedrückter linker Maustaste wird das Register *1_Quartal* nach dem loslassen der linken Maustaste vor das Register *Januar* verschoben.

Die betriebswirtschaftliche Statistik

Eine Gruppe von Tabellenblätter bilden

Nachdem wir die Tabellenblätter im Register in die richtige Reihenfolge gebracht haben kommen wir nun zur Gruppierung. Die Reihenfolge der Tabellenblätter verbessert dabei den Überblick.

- Um einen zusammenhängenden Bereich von Tabellenblättern zu markieren, klicken Sie mit der linken Maustaste auf das Register der ersten Tabelle. In unserem Beispiel Tabelle *1_Quartal*. Der Registerreiter wird weiß dargestellt.

- Halten Sie jetzt die UMSCHALT-Taste (Groß-Kleinschrift) gedrückt.

- Klicken Sie jetzt mit dem linken Mauszeiger auf die letzte Tabelle im Bereich, bei uns Tabelle *Januar*. Alle Tabellen werden daraufhin weiß markiert.

- Klicken Sie mit der rechten Maustaste in der Tabelle *1_Quartal* auf den Spaltenkopf A und wählen Sie im Kontextmenü den Befehl *Spaltenbreite*

- Stellen Sie den Wert 21 ein und drücken Sie die ENTER-Taste.

- Um die Gruppierung wird aufzulösen, klicken Sie auf ein beliebiges Register.

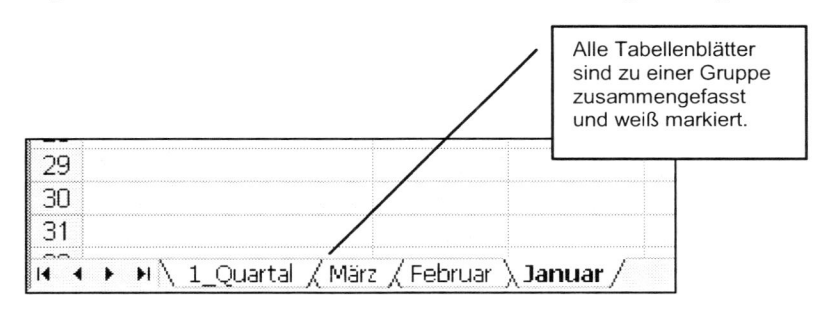

Alle Tabellenblätter sind zu einer Gruppe zusammengefasst und weiß markiert.

Für alle Tabellen der markierten Gruppe wurde nun eine Spaltenbreite von 21 Zeichen übernommen. Die verschiedenen Verfahren zur Gruppierung von Tabellenblättern finden Sie in der tabellarischen Übersicht:

Verfahren	Vorgehensweise
Bereich gruppieren	a) Ersten Tabellenreiter im Bereich markieren b) UMSCHALTTASTE gedrückt halten c) Letzten Tabellenreiter im Bereich markieren
Einzelne Tabellen gruppieren	a) Ersten Tabellenreiter markieren b) STRG-Taste gedrückt halten c) Weitere Tabellenreiter markieren
Gruppierung aufheben	Auf beliebigen Reiter innerhalb der Gruppierung klicken

5.6 Einrichtung einer Mehrbenutzerstatistik

Bislang sind wir davon ausgegangen, dass nur wir selber Werte in die Statistik eingeben werden. Da wir die Tabellenblätter selbst entworfen haben, müssen wir nicht befürchten, dass Formeln oder Bezüge unbemerkt zerstört werden. Anders sieht es oft aus, wenn eine Datei von mehreren Personen bearbeitet wird. Hier verschwinden schon mal Werte, Formeln oder Teile von Formeln. Als Ergebnis haben Sie dann im schlimmsten Fall falsche Berechnungen in den Formeln, unklare Fehlermeldungen und eine Menge Ärger. Dieses lässt sich jedoch von vornherein zum Beispiel durch einen Blattschutz vermeiden.

Die Quartalsstatistik soll jetzt zukünftig nicht mehr zentral, sondern von jedem Bereichsleiter selber geführt werden. Dabei ist folgendes zu beachten:
In den Tabellen *Januar*, *Februar* und *März* sollen die Bereichsleiter nur die operativen Daten eingeben. Es dürfen weder Veränderungen an der Tabelle noch an Formeln vorgenommen werden, um eine Manipulation auszuschließen.
In der Tabelle *1_Quartal* sollen die Bereichsleiter überhaupt keine Eingaben oder Veränderungen durchführen dürfen.

5.6.1 Schutz einzelner Tabellenblätter

> Für die Aktivierung des Blattschutzes rufen Sie im Menü EXTRAS den Befehl SCHUTZ – BLATTSCHUTZ auf.

> Im folgenden Dialogfeld können Sie nun ein Kennwort für den Blattschutz vergeben und zusätzliche Optionen auswählen, die bestimmen, welche Aktionen Benutzer in dem geschützten Blatt vornehmen dürfen und welche blockiert sind.

> Beenden Sie den Dialog mit OK. Wenn Sie ein Kennwort vergeben haben, müssen Sie dieses in einem weiteren Dialogfeld bestätigen.

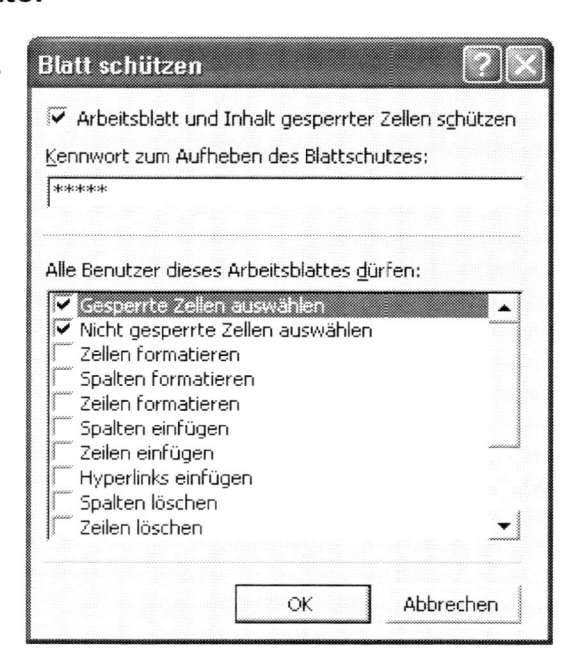

Sie können die Aktivierung des Blattschutzes auch ohne Kennwort durchführen, jedoch ist jeder Benutzer in der Lage den Blattschutz ohne Kennworteingabe wieder aufzuheben und dann Veränderungen vorzunehmen.

5.6.2 Schutz einzelner Zellen im Tabellenblatt

Wenn Sie einen Blattschutz für ein Tabellenblatt aktivieren sind zunächst grundsätzlich ALLE Zellen vor Veränderungen geschützt. Das heißt, wenn Sie in einem Tabellenblatt einige Zellen durch Kollegen verändern lassen möchten, müssen Sie vorher festlegen, welche Zellen von dem Schutz AUSGENOMMEN werden sollen.

In unserer Statistik sollen im Tabellenblatt *Januar* wie oben beschrieben alle Werte durch Kollegen eingegeben werden. Die Tabellenstruktur und Formeln müssen vor Veränderungen geschützt werden:

> - Markieren Sie die Zellenbereiche der Zellen, in welche die Bereichsleiter Ihre Werte eintragen sollen. Also die Bereiche B5 bis D5 und B7 bis D8.
>
> - Wählen Sie Menü FORMAT – ZELLEN den Reiter SCHUTZ und deaktivieren Sie das Kontrollkästchen *Gesperrt* für den Schutz.
>
> - Klicken Sie auf OK.
>
> - Aktivieren Sie den Blattschutz für die Tabelle *Januar* wie oben beschrieben.

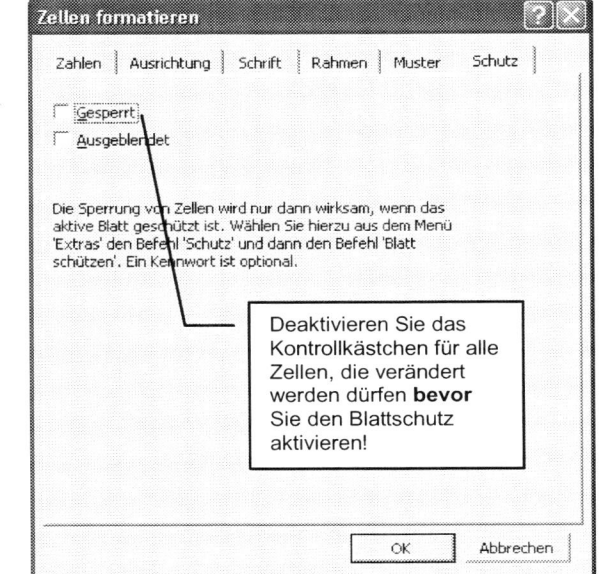

Deaktivieren Sie das Kontrollkästchen für alle Zellen, die verändert werden dürfen **bevor** Sie den Blattschutz aktivieren!

Sobald Sie das Blatt geschützt haben können Sie nun in jene Zellen Daten eingeben, die Sie ausdrücklich vom Zellschutz ausgenommen haben. Alle anderen Zellen dürfen nicht verändert werden und beim Anklicken erscheint eine Warnmeldung. In dieser Form können Sie die Statistik nun beruhigt an die Geschäftsbereiche weiterleiten.

Zur Übung verfahren Sie mit den Tabellenblättern *Februar* und *März* gleichermaßen.

5.6.3 Blattschutz aufheben

Um einen Blattschutz aufzuheben wählen Sie im Menü EXTRAS - SCHUTZ den Unterpunkt BLATTSCHUTZ AUFHEBEN. Geben Sie im nachfolgenden Dialogfeld gegebenenfalls das Kennwort für den Blattschutz ein. Der Blattschutz ist nun aufgehoben und Sie können wieder sämtliche Änderungen im Tabellenblatt durchführen.

5.7 Darstellung von Zahlen in Diagrammen

5.7.1 Vorüberlegungen

Diagramme sind ein grafisches Mittel um Zahlenmaterial anschaulich darzustellen und Abhängigkeiten zwischen zwei oder mehr Größen aufzuzeigen.

Bevor auf der Grundlage einer Tabelle oder einer Statistik ein Diagramm erzeugt werden kann, sollte zunächst geklärt werden, welchen Sachverhalt man darstellen möchte. Einige beispielhafte Punkte sollen hier angesprochen werden:
Entscheidend ist, ob ein *zeitRAUMbezogener* oder ein *zeitPUNKTbezogener* Sachverhalt aufzeigt werden soll.

Bei einem *zeitRAUMbezogenen* Sachverhalt stellt man zum Beispiel eine zeitliche Entwicklung von Größen dar. Beispiel: Ein Diagramm zu einer Jahresstatistik soll aufzeigen, wie sich die monatlichen Auftragseingänge verteilen. Durch die grafische Darstellung kann zum Beispiel ersichtlich werden, ob es besondere Auftragsspitzen oder schwache Monate gab. Aufbauend auf der Analyse der Auslastung könnte entschieden werden, ob zu bestimmten Zeiten zusätzliche Mitarbeiter benötigt werden.

Bei einem *zeitPUNKTbezogenen* Sachverhalt wird zum Beispiel eine anteilige Verteilung von mehren Größen dargestellt.
Mögliche Fragestellung: Welchen Anteil haben die Reparaturaufträge am Gesamten Jährlichen Auftragseingang? Welchen prozentualen Anteil macht der Umsatz des Bereiches Handel am gesamten jährlichen Umsatz aus?

5.7.2 Beispiel - Erstellung eines Kreisdiagramms

Ein Diagramm soll uns nun Aufschluss darüber geben, wie die prozentuale Auftragsverteilung auf die einzelnen Geschäftsbereiche im 1 Quartal aussieht. Der Geschäftsführer möchte anschaulich dargestellt haben, welcher Geschäftsbereich die meisten Aufträge realisieren konnte.

Da die Aufträge der Geschäftsbereiche als Anteile von einem Gesamtwert dargestellt werden sollen, verwenden wir ein Kreisdiagramm.

> ➤ Markieren Sie die Zellen A4 bis D5. Diese enthalten den Bereich, der durch das Diagramm dargestellt werden soll. Also: Die Auftragswerte UND die Überschriften zur Zuordnung. *Hinweis:* Beachten Sie beim Markieren, dass sich in Zelle A4 zwar kein Inhalt befindet, diese aber ebenfalls markiert werden muss.

ACHTUNG: Achten Sie immer darauf, dass Sie nicht den Gesamtwert markieren. Dieser stellt keinen unabhängigen Anteil vom Ganzen dar, sondern ist nur die Summierung der einzelnen Bereiche!

Die betriebswirtschaftliche Statistik

> Klicken Sie auf den Schalter für den Diagramm-Assistenten oder wählen Sie im Menü EINFÜGEN - DIAGRAMM.

> *Schritt 1 von 4*: Wählen Sie im Diagramm-Assistenten aus den Standardtypen ein einfaches Kreis-Diagramm.

> *Schritt 2 von 4*: Hier wird Ihnen der markierte Bereich aufgezeigt und Sie erhalten eine kurze Vorschau auf das Diagramm-Ergebnis. Sie können zu Korrekturzwecken hier u.a. den Datenbereich verändern.

> *Schritt 3 von 4:* Hier können Sie im Register TITEL u.a. eine Überschrift für das Diagramm eingeben. Wir belassen den Standard-Eintrag „Aufträge".

> Im Register LEGENDE können Sie die Position der Legende bestimmen.

> Im Register DATENBESCHRIFTUNG können Sie eine Beschriftung der jeweiligen Werte wählen. Da das Diagramm die prozentuale Verteilung darstellen soll aktivieren Sie das Kontrollkästchen *Prozentsatz*.

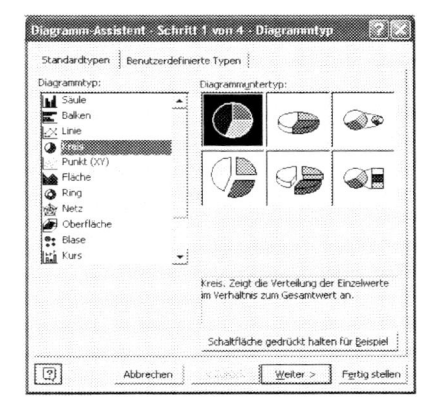

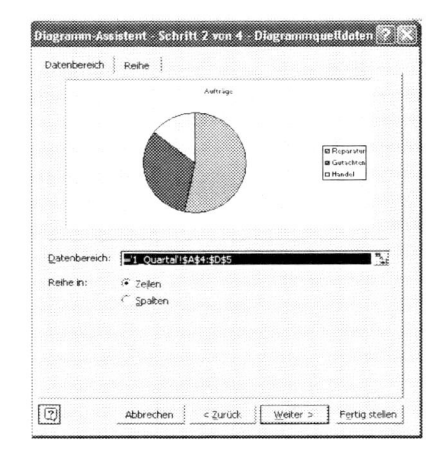

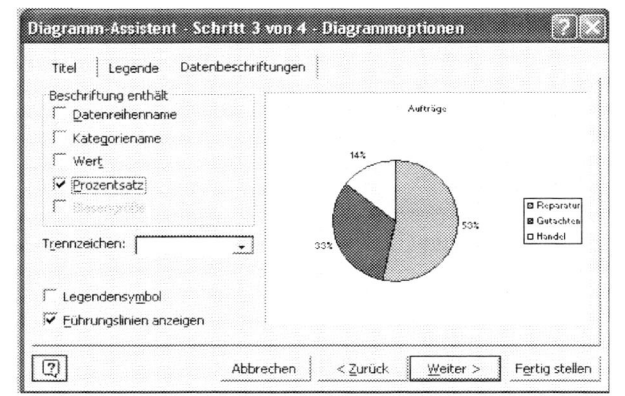

Die betriebswirtschaftliche Statistik

> Im *Schritt 4 von 4* müssen Sie nur noch wählen, ob das Diagramm als ein komplettes Blatt eingefügt werden soll, oder als Objekt im aktuellen Tabellenblatt. Belassen Sie den Optionspunkt auf der Einstellung Als Objekt in 1_QUARTAL.

> Beenden Sie den Assistenten durch das Klicken auf den Schalter *Fertig stellen*.

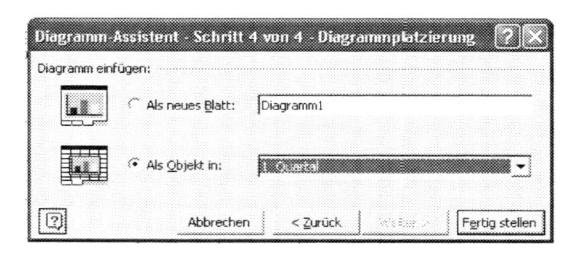

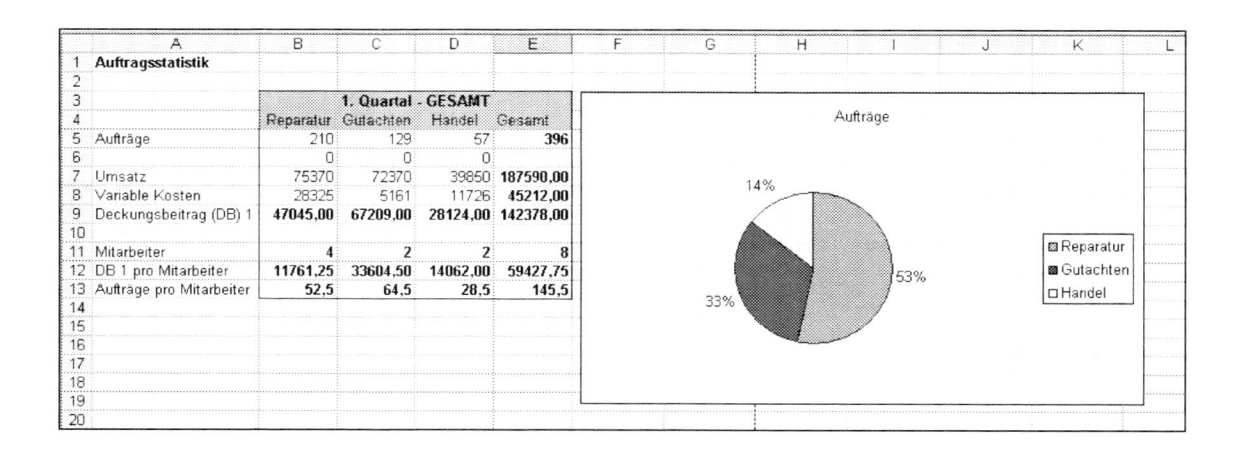

Verschieben des Diagramms

Sie können das Diagramm an einen beliebigen Platz im Tabellenblatt verschieben:

> Fahren Sie dazu den Mauszeiger auf einen leeren Bereich innerhalb der Diagrammfläche und klicken Sie diese an. Es erscheinen 8 Ziehmarken um das Diagrammobjekt.

> Bei gedrückter linker Maustaste erhalten Sie einen Mauszeiger mit 4 Pfeilen und das Diagramm kann durch Ziehen umplatziert werden.

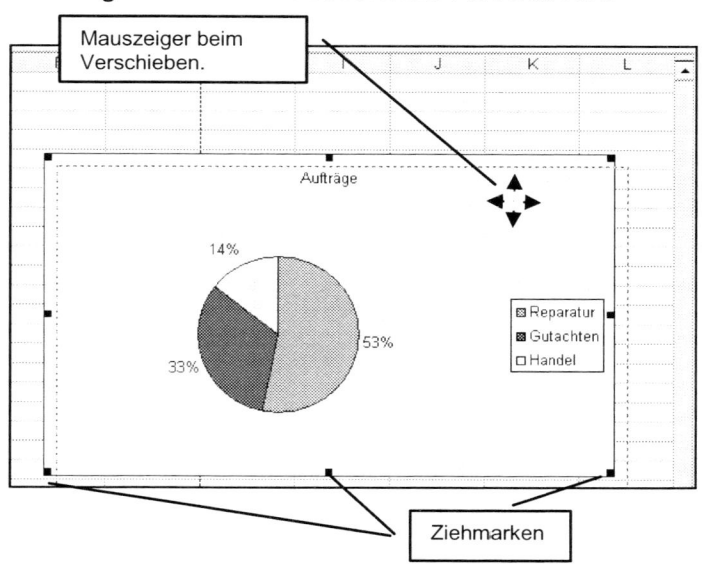

Die betriebswirtschaftliche Statistik

Änderung der Größe

Um die Größe des Diagramms zu ändern fahren Sie mit dem Mauszeiger auf eine Ziehmarke, bis der Zeiger sich zu einem Doppelpfeil verändert. Mit gedrückter linker Maustaste kann dann die Größe des Diagramms angepasst werden.

Diagramme bearbeiten/ formatieren

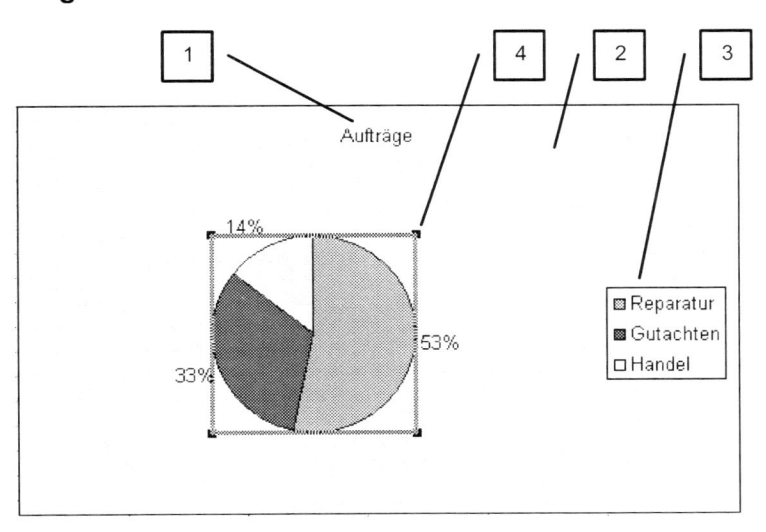

Jeder Bestandteil des Diagramms kann unabhängig formatiert werden. Das Diagramm besteht aus den folgenden Teilen:

Diagrammtitel (1)	Änderung der Schrift, Ausrichtung und Hintergrundfarbe des Titelfeldes
Zeichnungsfläche (2)	Änderung an der Darstellung eines Rahmens und der Hintergrundfarbe
Legende (3)	Änderung der farblichen Darstellung, der Schrift und der Platzierung der Legende
Diagrammfläche (4)	Änderung der Größendarstellung, der farblichen Darstellung und der Schrift

Die betriebswirtschaftliche Statistik

Übung Kreisdiagramm

Erstellen Sie mit den Diagramm-Assistenten ein Diagramm für das 1_Quartal, in welchem der anteilige **Umsatzbeitrag** der Geschäftsbereiche Reparatur, Gutachten und Handel in **Euro** dargestellt wird.

Nutzen Sie für die Aufgabe das Markieren unabhängiger Bereiche.

Lösung:

> - Markieren Sie zunächst die Überschriften von Zelle A5 bis Zelle D5.
>
> - Halten Sie dann die STRG-Taste gedrückt und markieren Sie die Zeile Umsätze von Zelle E7 bis Zelle A7.
>
> - Starten Sie den Diagramm-Assistenten über den Symbolschalter.
>
> - Wählen Sie ein einfaches Kreis-Diagramm. Im *Schritt 3 von 4* benennen Sie im Register TITEL den Titel als *Umsatz in EUR*. Damit wird die Art der zugrunde liegenden Daten klar.
>
> - Aktivieren Sie nun im Register DATENBESCHRIFTUNGEN den Punkt *Wert*. Jetzt werden im Diagramm die konkreten Umsatzbeiträge in Euro dargestellt.
>
> - Fügen Sie das Diagramm in *Schritt 4 von 4* als Objekt ein und klicken Sie auf den Schalter *Fertig stellen*

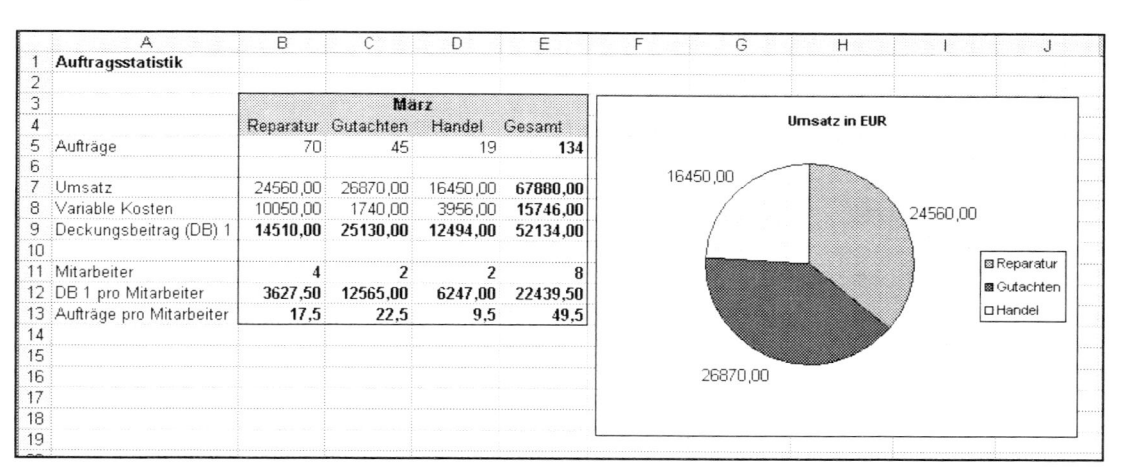

	A	B	C	D	E
1	Auftragsstatistik				
2					
3				März	
4		Reparatur	Gutachten	Handel	Gesamt
5	Aufträge	70	45	19	134
6					
7	Umsatz	24560,00	26870,00	16450,00	67880,00
8	Variable Kosten	10050,00	1740,00	3956,00	15746,00
9	Deckungsbeitrag (DB) 1	14510,00	25130,00	12494,00	52134,00
10					
11	Mitarbeiter	4	2	2	8
12	DB 1 pro Mitarbeiter	3627,50	12565,00	6247,00	22439,50
13	Aufträge pro Mitarbeiter	17,5	22,5	9,5	49,5

Wenn Ihnen das Diagramm anfänglich nicht gefällt, können Sie die Diagrammteile, wie oben beschrieben, bearbeiten, bis die gewünschte Darstellung erreicht ist..

Die betriebswirtschaftliche Statistik

5.7.3 Zeitraumbezogene Darstellung im Liniendiagramm

Eine *zeitRAUMbezogene* Darstellung von Größen lässt sich am besten mit dem Liniendiagramm bewältigen. Mit diesem Diagrammtyp werden zeitliche Entwicklungen besonders anschaulich aufgezeigt.

Wir wollen nun ein Diagramm entwickeln, aus dem die Auftragsentwicklung der Reparaturabteilung im ersten Quartal hervorgeht. Durch das Diagramm soll deutlich werden, in welchem Monat die meisten bzw. wenigsten Aufträge eingegangen sind. Das Diagramm soll in das Register *1_Quartal* integriert werden.

> - Da eine Mehrfachmarkierung über mehrere Tabellenblätter nicht praktikabel ist, muss die Tabelle für die Darstellung der Auftragsentwicklung erst entworfen werden.

> - Dazu nutzen wir Idealerweise die Kenntnisse aus der Tabellen-Verknüpfung und erstellen die folgende Tabelle im Register 1_Quartal unterhalb des Tabellenbereiches. Jeder Wert stellt also eine Verknüpfung zur entsprechenden Monats-Tabelle dar.

> - Markieren Sie nun den Tabellenbereich und starten Sie den Diagrammassistenten wie oben beschrieben.

> - Als Diagrammtyp wählen Sie das Liniendiagramm mit einer Darstellung der Datenpunkte.

> - Zur besseren Ansicht ändern Sie die Hintergrundfarbe in der Zeichnungsfläche auf Weiß. Klicken Sie dazu mit der rechten Maustaste auf die Zeichnungsfläche und wählen Sie im Kontextmenü *Zeichnungsfläche formatieren*.

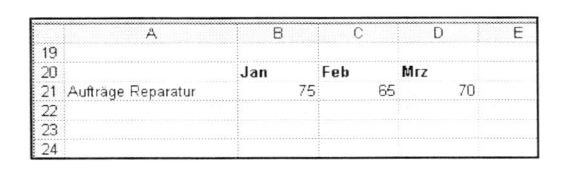

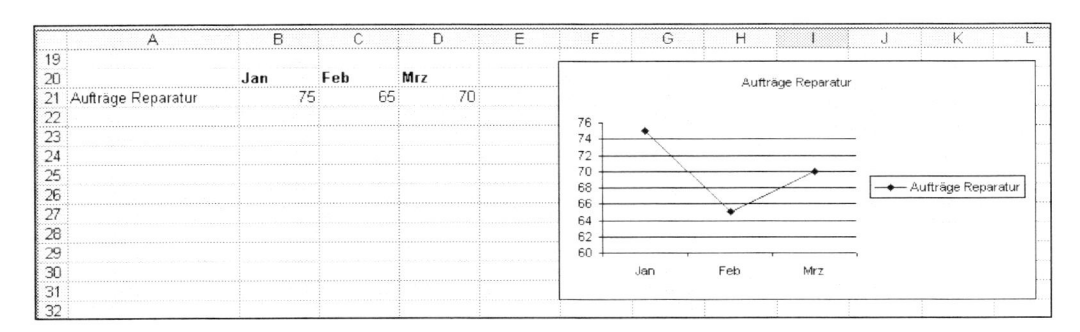

Die betriebswirtschaftliche Statistik

Beim Liniendiagramm können zusätzlich die Achsen formatiert werden. Auf den Achsen werden die jeweiligen Größen dargestellt. Auf der Y-Achse befindet sich die Anzahl der Aufträge, auf der X-Achse die Monate. Durch einen Klick mit der rechten Maustaste auf die jeweilige Achse kann die Skalierung, d.h. die Einteilung, geändert werden.

Für einen genaueren Überblick über die Aufträge sollen die Werte in einem größeren Raster aufgeführt werden.

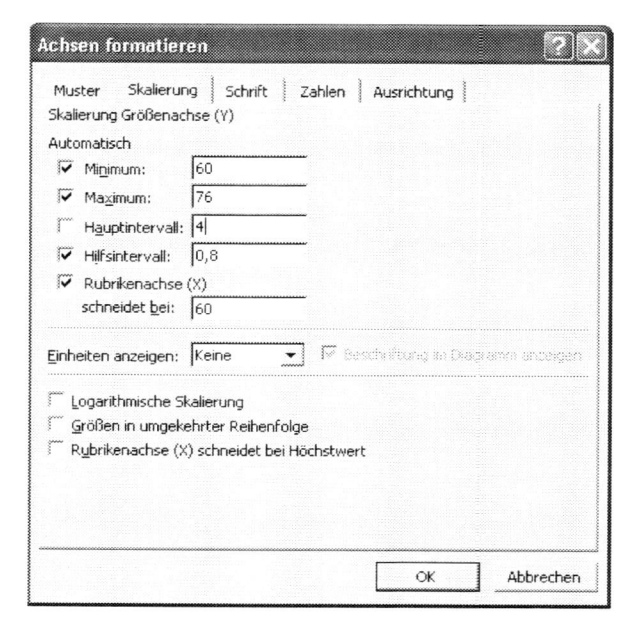

- ➢ Klicken Sie mit der rechten Maustaste auf die Y-Achse und öffnen Sie das Kontextmenü. Wählen Sie den Reiter *Hauptintervall*. Das *Hauptintervall* gibt die Einteilung des Werterasters an. Ändern Sie den Wert auf 4. Dabei wird das Kontrollkästchen links deaktiviert.

- ➢ Klicken Sie auf den Schalter OK. Die Werte werden nun in einem angepassten Intervall angezeigt.

Wir sehen nun, dass unser Diagramm in einer gröberen Skalierung eingeteilt wird. Eine solche Einteilung kann sinnvoll sein, um ein Diagramm übersichtlicher zu gestalten.

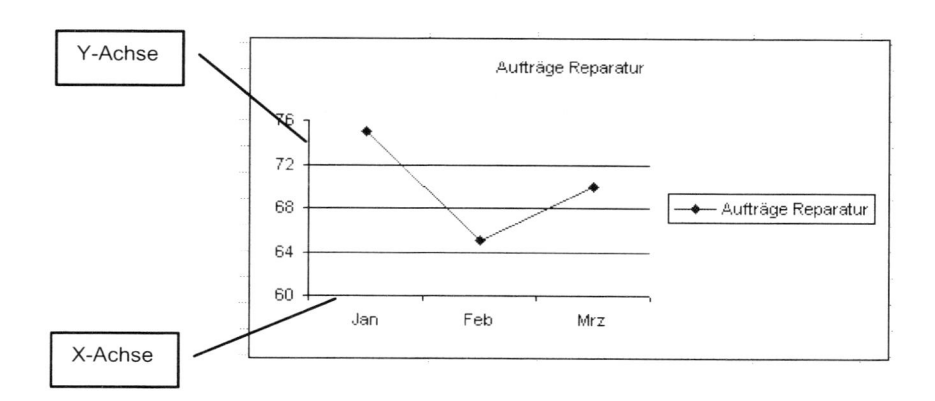

Übung Liniendiagramm

Entwerfen Sie nun nach dem gleichen Verfahren ein Diagramm zur Darstellung der zeitlichen Auftragsentwicklung im 1_Quartal für den Bereich Handel.

> - Erstellen Sie zunächst die Hilfstabelle, beispielsweise im Register *1_Quartal* unterhalb der bereits vorhandenen Daten. Die Werte für die Zahl der Aufträge werden mit der jeweiligen ursprünglichen Monats-Tabelle verknüpft.

> - Markieren Sie den Tabellenbereich und starten Sie den Diagramm-Assistenten.

> - Wählen Sie im *Schritt 1 von 1* ein Liniendiagramm mit Datenpunkten, die für jeden Datenwert angezeigt werden.

> - Übernehmen Sie in den folgenden Schritten die Vorgaben des Assistenten und platzieren Sie das Diagramm neben die Datentabelle.

> - Zur besseren Ansicht soll die Zeichnungsfläche weiß dargestellt werden. Klicken Sie dazu mit der rechten Maustaste auf die Zeichnungsfläche und wählen Sie im Kontextmenü den Eintrag *Zeichnungsfläche formatieren*. Stellen Sie im Register MUSTER den Schalter im Untereintrag FLÄCHE auf *Keine*.

> - Schließen Sie zum Abschluss das Dialogfeld.

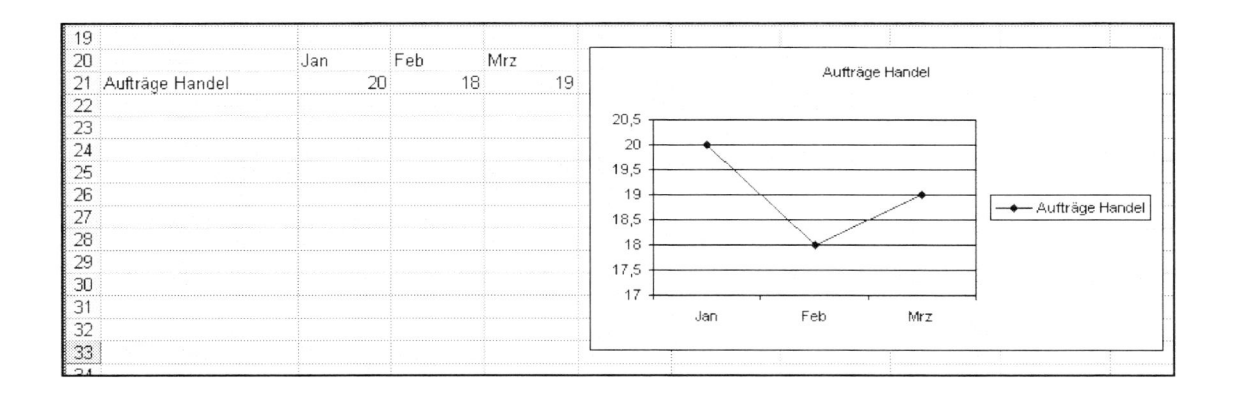

5.8 Übungen zur betriebswirtschaftlichen Statistik

Für eine Kalkulation benötigen Sie eine Statistik über realisierte Aufträge aus dem 1. Quartal 2001 im Vergleich zum 1. Quartal 2002. Folgende Zahlen ergeben sich:

	Aufträge 2002	Aufträge 2001
Januar	109	76
Februar	120	112
März	121	130

Das Unternehmen hatte im gesamten Jahr 2001 insgesamt 8 Mitarbeiter. Im Jahr 2002 hatte es 6 Mitarbeiter.

Pro Auftrag wurde im Jahr 2001 durchschnittlich ein Erlös von 55,50 EUR erzielt, 2002 waren es pro Auftrag im Schnitt 62,00 EUR.

1. Erstellen Sie eine Statistik die einen Überblick über die Werte verschafft. Da die Statistik später erweitert wird, richten Sie für jeden Monat ein Tabellenblatt ein. Halten Sie den Aufwand so gering wie möglich und kopieren Sie die Tabellen erst dann, wenn Sie auch die folgenden Formeln entwickelt haben.

2. Folgende Werte sollen in der Statistik berechnet werden:

    > Berechnen Sie den Gesamterlös pro Monat.

    > Berechnen Sie die prozentuale Veränderung des Gesamterlöses von dem Jahr 2001 zum Jahr 2002.

    > Ermitteln Sie die durchschnittliche Anzahl von Aufträgen pro Mitarbeiter und den durchschnittlichen Erlös pro Mitarbeiter für beide Jahre.

    > Lassen Sie die Summen für alle Aufträge im 1. Quartal für beide Jahre berechnen.

3. Stellen Sie die Anzahl der Aufträge über das 1. Quartal für die Jahre 2001 und 2002 jeweils in einem Diagramm dar. Dem Betrachter soll die Auftragsentwicklung innerhalb des Quartals verdeutlicht werden. Das Diagramm soll später auch die Auftragsentwicklung der folgenden Monate berücksichtigen.

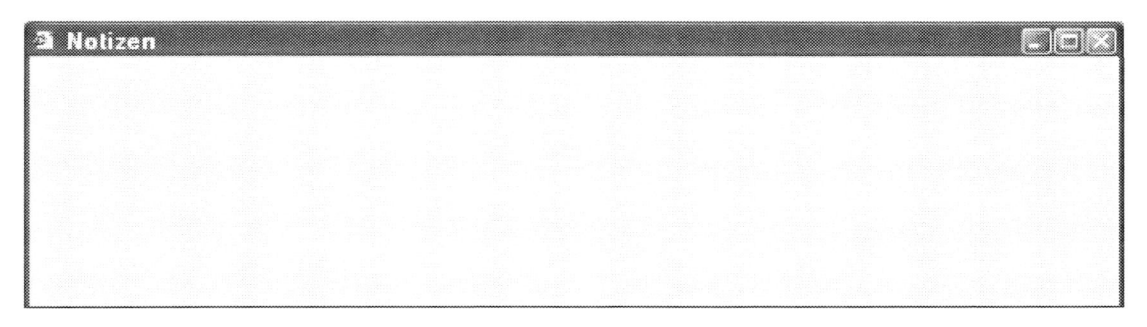

6 Einführung in die Preiskalkulation

Die Preisbestimmung in der Praxis ist abhängig von einer Vielzahl von Faktoren, die sich teilweise auch noch untereinander beeinflussen. In der heutigen Zeit bestimmt aber nicht nur der Preis alleine, ob eine Leistung oder ein Produkt reichlich Abnehmer findet. Andere entscheidende Faktoren für den Absatz sind zum Beispiel die Werbung oder angebotene Zusatzleistungen wie zum Beispiel ein Vor-Ort-Reparaturservice bei Computern.

Allgemein aber gilt: Bei zunehmender Komplexität der erbrachten Leistung wird auch die Preisbildung komplizierter. Ein Taxiunternehmer mit einem Taxi zum Beispiel kann sein Geschäft besser überblicken als ein Generalunternehmer, der ein Einkaufszentrum baut.

Dennoch haben sich aufbauend auf Erfahrungswerten und branchentypischen Bräuchen in der Wirtschaft grundsätzliche Regeln und Verfahrensweisen herausgebildet, die bei der Preisbestimmung beachtet werden sollten.

6.1 Preis-/ Leistungsverhältnis

Der Preis einer Ware oder Dienstleistung ist heute nicht einziges Kriterium für den erfolgreichen Verkauf einer Leistung. Von zunehmender Bedeutung ist für den Verbraucher ein stimmiges Preis-/ Leistungsverhältnis, das von potentiellen Käufern je nach persönlicher Einstellung und persönlichen Vorlieben unterschiedlich bewertet wird. Während der Preis aus der Sicht des Käufers den Kaufpreis zuzüglich sämtlicher Nebenkosten für z.B. Transport oder Ratenzahlung darstellt, versteht man unter dem Begriff Leistung sämtliche Komponenten die dem Käufer einen bestimmten Nutzen stiften.

Wir wollen das am Beispiel Computerkauf verdeutlichen: Entscheidend sind die technischen Merkmale des Rechners wie Arbeitsspeicher, installierte Programme und Schnittstellen sowie zusätzliche Service- und Reparaturleistungen. Das ideale Preis-/ Leistungsverhältnis würde dem Käufer jenes Angebot bieten, das die meisten Wunschmerkmale aufweist und zum geringsten Preis angeboten wird. Das schließt natürlich nicht aus, dass es trotzdem irgendwo ein billigeres Gerät gibt. (Solch ein Angebot findet man jedoch leider immer erst dann, wenn schon ein Rechner gekauft wurde).

Einführung in die Preiskalkulation

6.2 Preispolitik

Die Preispolitik zählt zu den so genannten absatzpolitischen Instrumenten. Dazu zählen alle Aktivitäten, die darauf ausgerichtet sind eine Leistung oder ein Produkt erfolgreich am Markt zu verkaufen. Sie umfasst alle Maßnahmen, die im Zusammenhang mit der Preisfestsetzung stehen. So zum Beispiel die Überwachung der geltenden Preise und die Anpassung der Preise bei veränderten Marktbedingungen oder veränderten Produktionskosten.

Die Preispolitik hat im Laufe der Jahre an Bedeutung verloren. In unserer heutigen Wirtschaft gelten die Werbung und die Produktpolitik als bedeutendste absatzpolitische Instrumente.

Unterschieden wird in der Preispolitik zwischen der klassischen Preistheorie und der praktischen Preispolitik. Die **klassische Preistheorie** bildet die wirtschaftliche Wirklichkeit unter stark vereinfachenden Annahmen in einer Modellwelt ab. Sie geht dabei von einem so genannten *vollkommenen Markt* aus, der z.B. besagt, dass alle Marktteilnehmer stets vollkommen informiert sind, keine persönlichen Vorlieben haben und unverzüglich auf Preisänderungen reagieren.

Es lässt sich bereits bei diesen Annahmen feststellen, dass diese Preistheorie sehr theoretisch ist. Wenn wir von einem vollkommenen Markt ausgehen, würden wir in unserem Computerbeispiel aus Punkt 6.1. *immer* den richtigen Rechner kaufen, da uns ja *alle* möglichen Preise aller Anbieter bekannt sind.

Die **praktische Preispolitik** hingegen geht von unvollkommenen Märkten aus, auf denen keine Preistransparenz herrscht und die Verbraucher sehr wohl eigene Präferenzen für Produkte haben. Das bedeutet praktisch, dass der Käufer keinen Überblick über alle Anbieter und Preise hat und nicht zwangsweise den günstigsten Rechner kauft. Hat der Käufer vielleicht mit einem Anbieter bereits negative Erfahrungen gemacht, könnte er auch ein unschlagbares Angebot verschmähen.

Zur Preisbildung berücksichtigt die praktische Preispolitik auch Instrumente wie Rabatte, Zahlungsbedingungen und Lieferbedingungen, die in der Literatur auch unter dem Oberbegriff Konditionenpolitik zu finden sind.

6.3 Konditionenpolitik

In erster Linie ist der Preis das Entgelt, das ein Unternehmer für eine von Ihm erbrachte Leistung erhält. Neben dem Preis beeinflussen aber auch noch weitere Faktoren die Höhe des Preises, die bei der vorherigen Kalkulation zu berücksichtigen sind. Zu diesen Faktoren zählen Preisnachlässe und Zahlungs- und Lieferbedingungen. Preisnachlässe sind Abschläge vom eigentlichen Verkaufspreis, die in verschiedenen Formen gewährt werden können:

> **Rabatt**: Der Rabatt ist ein Preisnachlass, der in prozentualer Höhe vom Angebotspreis abgezogen wird. Rabatte sollen zum Beispiel Käufer zur Lieferntentreue anhalten, oder im Rahmen einer Produkteinführung den Absatz fördern.

> **Bonus:** Der Bonus ist ein nachträglicher Rabatt, der einen Kunden zumeist am Jahresende gewährt wird.

> **Skonto**: Das Skonto ist ein Preisnachlass, der dem Leistungsempfänger zu einer prompten Zahlung der Forderung anhalten soll.

Zahlungs- und Lieferbedingungen sind zumeist in den allgemeinen Geschäftsbedingungen des Lieferanten geregelt. Zu den Lieferbedingungen zählen u.a. Regelungen zum Gefahrenübergang (z.B. Ab Werk oder Frei Haus) und Fracht- und Versicherungskosten.

Zu den Zahlungsbedingungen zählen beispielsweise Zahlungsfristen und Vereinbarungen über Teil- bzw. Ratenzahlungen, bei denen die Kaufsumme nicht vollständig in einer Rate beglichen wird, sondern der Käufer mehrere Teilbeträge innerhalb eines vereinbarten Zeitraumes zahlt. Die Ratenzahlung ist eine Kreditgewährung an den Käufer, für die ein Zins zu entrichten ist.

Einführung in die Preiskalkulation

6.4 Methoden der Preisbildung

Für die Preisbildung können verschiedene Methoden angewendet werden. Bei der **nachfrageorientierten Preisbildung** muss der Anbieter durch eine Konsumentenbefragung in Erfahrung bringen, welche Mengen eines bestimmten Produktes abgesetzt werden können und welchen Preis die Abnehmer für das Produkt zahlen würden.

Ein weiteres Verfahren ist die **konkurrenzorientierte Preisbildung**. Hier verzichtet der Anbieter auf eine eigene aktive Preispolitik und orientiert sich stattdessen an den Preisen der Wettbewerber oder am Branchendurchschnitt.

Bei der **kostenorientierten Preisbildung** geht der Anbieter von seinen eigenen Kosten aus. Der Angebotspreis ergibt sich aus den jeweiligen Kosten zuzüglich eines individuellen Gewinnzuschlages.

6.5 Die kostenorientierte Preisbildung

6.5.1 Variable und fixe Kosten

Der Kostenrechnung im Unternehmen fällt die Aufgabe zu, Kosten, die mit der betrieblichen Leistungserstellung entstehen, zu erfassen und auf die Kostenträger zu verrechnen. Kostenträger können zum Beispiel Produkte sein. Zu den Kostenarten zählen z.B. Personal-, Materialkosten und Kosten für Mieten. In der Kostenrechnung wird unterschieden nach variablen und fixen Kosten:

Variable Kosten: Beschäftigungsabhängige Kosten die jeweils in unterschiedlicher Höhe zur Erledigung des aktuellen Auftrages anfallen. Also im Bereich Reparatur Kosten für Teile, Kosten für Fremdleistungen wie z.B. Lackierarbeiten. Im Bereich Handel wären als variable Kosten die Einkaufspreise für die Teile anzusetzen.

Fixe Kosten: Beschäftigungsunabhängige Kosten, die auch dann fällig werden, wenn kein Auftrag zu bearbeiten ist. Dazu zählen beispielsweise Kosten für Mieten und Personalkosten (bei festen Angestellten).

Eine klare Abgrenzung der Kosten erweist sich oft als schwierig. So gibt es Kostenarten, die sowohl fixe als auch variable Kosten darstellen. Personalkosten sind zum Beispiel für Mitarbeiter an Fertigungsmaschinen im Rahmen der Regelarbeitszeit sowohl Fixkosten, bei Auftragsbedingten Überstunden aber auch variable Kosten.

Problematisch ist auch die anteilige Zuordnung der Kosten innerhalb der Kalkulation. Solange nicht bekannt ist wie viele Aufträge eingehen bzw. realisiert werden können, muss bei der Aufteilung und Anrechnung der Kosten auf Erfahrungswerte und auf Auswertungen früherer Geschäftsjahre zurückgegriffen werden.

6.5.2 Voll- und Teilkostenrechnung

Voll- und Teilkostenrechnung sind Verfahrensweisen aus der Kostenrechnung. Eine Aufgabe der Kostenrechnung ist es eine Grundlage für die Preispolitik eines Unternehmens zu schaffen.

Bei der Vollkostenrechnung werden alle Kosten eines Unternehmens auf die entsprechenden Kostenträger, zum Beispiel Produkte, verrechnet.

Bei der Teilkostenrechnung werden nur Teile der Kosten, in der Regel die variablen Kosten, auf die Kostenträger verrechnet.

6.5.3 Preiskalkulation mit der Vollkostenrechnung

Als Beispiel für die folgende Aufgabe der Vollkostenrechnung dient uns ein Blumengroßhändler mit 5 Mitarbeitern. Für einen Auftrag würde eine Kalkulation für einen Angebotspreis auf Vollkostenbasis wie folgt ausschauen.
Angebotspreis (Verkaufspreis) = variable Kosten (Einkaufspreis und Transportkosten) + fixe Kosten (u.a. anteilige Miete, Kosten für Verwaltung, Bürogeräte) + Gewinnaufschlag pro Auftrag.

Kürzel	Bedeutung	Beispielwert
P	Angebotspreis	
Kv	Variable Kosten pro Auftrag	150,00
Kf	Fixe Kosten	350,00
G	Gewinnaufschlag pro Auftrag	50,00
X	Anzahl Aufträge	Variabel

Formel für die Preiskalkulation nach der Vollkostenrechnung:

$$P = Kv + Kf + G$$

Einführung in die Preiskalkulation

Als Übungsaufgabe sollen die Angebotspreise in einem Tabellenblatt frei kalkuliert werden.

> - Entwerfen Sie das Tabellenblatt gemäß der unten aufgezeigten Vorlage. Nutzen Sie bei der Umsetzung der Aufgabe das Mehrfachmarkieren.
>
> - Entwickeln Sie anhand der obigen Formel in Zelle C10 die Formel für die Kalkulation des Angebotspreises auf Vollkostenbasis.

	A	B	C	D	E
1	**Preiskalkulation Blumenhändler**				
2					
3	Gesamt variabel				
4					
5	Gesamt fixe Kosten				
6					
7	Gewinnzuschlag				
8					
9					
10	**Angebotspreis**				
11					
12					

Lösung: Der Angebotspreis in Zelle C10 wird mit der einfachen Formel berechnet:

$$=C3+C5+C7$$

Bislang haben wir die Zahl der Aufträge für die Kalkulation vernachlässigt. Unter Berücksichtigung einer variablen Anzahl von Aufträgen erhalten wir als erweiterte Kalkulationsformel auf Vollkostenbasis:

$$P = X * Kv + Kf + X * G$$

Einführung in die Preiskalkulation

Übung: Zur Umsetzung der erweiterten Kalkulationsformel ergänzen Sie Ihr Kalkulationsblatt um die Felder *Anzahl der Aufträge* und *Anteilige Fixkosten in %* wie in der folgenden Vorlage dargestellt. Nutzen Sie dabei die Funktion *Formate kopieren*.

> Entwickeln Sie die Excel-Formeln für die Berücksichtigung der Anzahl von Aufträgen anhand der obigen Formel für die Preisberechnung.

	A	B	C	D	E	F
1	Preiskalkulation Blumenhändler					
2						
3	Anzahl Aufträge		1		10	
4						
5	Gesamt variabel					
6						
7	Gesamt fixe Kosten					
8						
9	Gewinnzuschlag					
10						
11						
12	Angebotspreis					
13						
14						
15	Anteilige Fixkosten in %					
16						

Lösung: Die Höhe der variablen Kosten und des Gewinnaufschlages hängen jetzt von der Anzahl der Aufträge ab. Als Formel ergibt sich in C12

=(C3*C5)+C7+(C3*C9).

Zur Berechnung der anteiligen Fixkosten in % ergibt sich für C15

=C7/C12.

Die jeweilige Formel kann in E12 bzw. E15 kopiert werden. Da das Prozent-Format den Wert mit 100 multipliziert, ergibt sich für 1 Auftrag ein Fixkostenanteil von rund 63% und für 10 Aufträge ein Anteil von rund 15%.

Aus der Berechnung wird ein zentraler Kritikpunkt an der Vollkostenrechnung ersichtlich: Mit abnehmender Zahl von Aufträgen steigt der Anteil der fixen Kosten stark an. Bei der Berücksichtigung der vollen fixen Kosten besteht somit die Gefahr, dass sich das Unternehmen bei der Preisbildung „aus dem Markt herauskalkuliert". Das ist zum Beispiel dann der Fall, wenn der Angebotspreis auf Vollkostenbasis zu hoch angesetzt und der Auftrag aus diesem Grunde nicht realisiert wird. Problematisch sind auch die korrekte Zuordnung der anteiligen Gemein- und Fixkosten und die Ermittlung eines angemessenen Gewinnaufschlags.

6.5.4 Preisbildung mit der Deckungsbeitragsrechnung

Ein System aus der Teilkostenrechnung ist die Deckungsbeitragsrechnung. Hier werden jedoch nur Teile der Kosten auf die Kostenträger verrechnet. Ein Motiv für die Kalkulation auf Teilkostenbasis ist die Erkenntnis, dass Aufträge auch dann realisiert werden sollten, wenn die Erlöse zumindest zur Deckung anteiliger Fixkosten beitragen.

Bei der Deckungsbeitragsrechnung werden den Verkaufserlösen der Kostenträger ausschließlich Teile der gesamten Kosten zugerechnet – nämlich die auf die Leistungserstellung entfallenden variablen Kosten. Für die Preisbildung wird der erforderliche Deckungsbeitrag im Vorwege ermittelt und zu den variablen Kosten addiert. Die Berechnung des Deckungsbeitrages sieht wie folgt aus:

Auftrag Rosenimport	
Erlöse (Wert der berechneten Leistungen)	5000,00 EUR
./. Variable Kosten	2500,00 EUR
= Deckungsbeitrag	2500,00 EUR
./. fixe Kosten	3000,00 EUR
= Nettoerfolg	- 500,00 EUR

Hat die Unternehmensleitung einen Deckungsbeitrag ermittelt, ergibt sich für die Preiskalkulation:

Angebotspreis (P) = variable Kosten (Kv) + Deckungsbeitrag (DB)

Langfristig kann ein Unternehmen nur existieren, wenn es mindestens eine volle Deckung der Gesamtkosten durch die Verkaufspreise erzielt. Der obige Auftrag ergibt zwar einen negativen Nettoerfolg, der positive Deckungsbeitrag kann jedoch einen großen Block der Fixkosten abdecken. Sofern der Auftrag ohne zusätzlichen Aufwand bearbeitet werden kann, kann die Unternehmensleitung in Erwägung ziehen, den Auftrag anzunehmen.

Für zukünftige Angebote wäre es jedoch zweckmäßig einen entsprechend höheren Deckungsbeitrag anzustreben.

6.5.5 Der Kostendeckungspunkt (break even point)

Der Kostendeckungspunkt, der auch break-even-point genannt wird, ist der Punkt, an dem sich Erlöse und Kosten gerade ausgleichen. An diesem Punkt wird eine volle Kostendeckung erzielt.

Um das Konzept des Kostendeckungspunktes zu verdeutlichen, schauen wir uns das folgende Übungsbeispiel näher an: Die Unternehmensleitung einer Druckerei konnte für die Produktion folgende Werte ermitteln:

Durchschnittlicher Erlös (=Preis) pro Auftrag: 1000,00 EUR
Variable Kosten pro Auftrag: 250 EUR
Fixkostenblock pro Monat : 6900,00 EUR

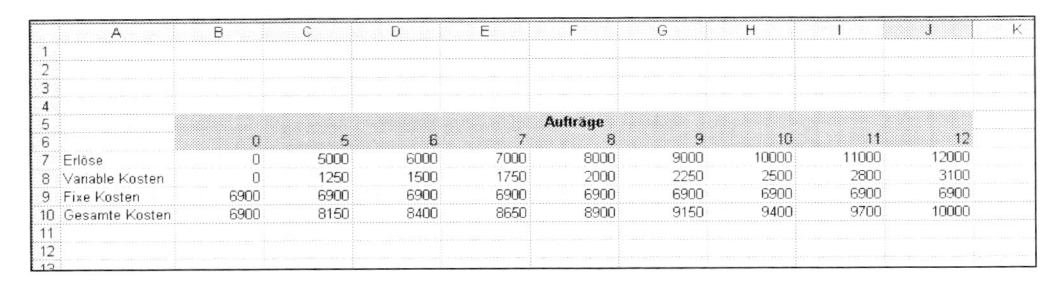

	A	B	C	D	E	F	G	H	I	J
1										
2										
3										
4										
5					Aufträge					
6		0	5	6	7	8	9	10	11	12
7	Erlöse	0	5000	6000	7000	8000	9000	10000	11000	12000
8	Variable Kosten	0	1250	1500	1750	2000	2250	2500	2800	3100
9	Fixe Kosten	6900	6900	6900	6900	6900	6900	6900	6900	6900
10	Gesamte Kosten	6900	8150	8400	8650	8900	9150	9400	9700	10000
11										
12										

> Übertragen Sie die Tabelle gemäß der Vorlage.

> *Aufgabe*: Erstellen Sie ein einfaches Liniendiagramm, aus dem der Gesamtkostenverlauf und die Erlöse in Abhängigkeit zur Zahl der Aufträge dargestellt werden. Wo liegt ungefähr der break-even-point?

Lösung: Aus Diagramm wird ersichtlich, dass der Kostendeckungspunkt zwischen 9 und 10 Aufträgen liegt.

Da die Ermittlung mit dem Diagramm recht ungenau ist, kann der genaue Wert durch eine Formel berechnet werden.

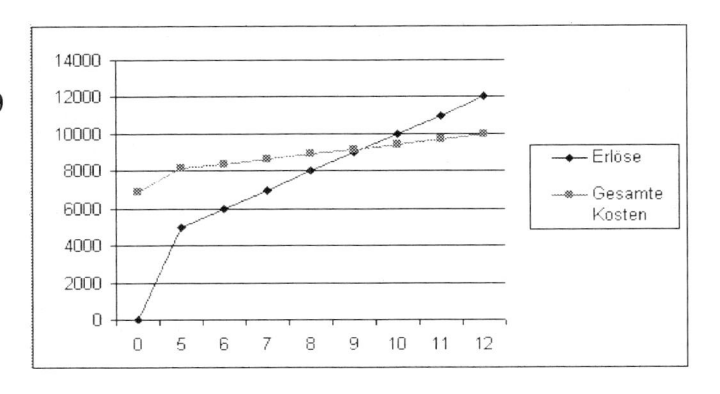

Einführung in die Preiskalkulation

Rechnerisch befindet sich der Kostendeckungspunkt an der Stelle, wo der Erlös gleich den Gesamtkosten ist. Durch Umstellen dieser Gleichung ergibt sich die Formel.

$$KDP = F / p - Kv$$

In unserem Beispiel also *KDP = 6900 / 1000 – 250 = 9,2 Aufträge*. Ab 9,2 Aufträge im Monat sind die Kosten voll gedeckt und es wird ein Gewinn erwirtschaftet. Lassen sich längerfristig die 9,2 Aufträge nicht realisieren, müssen Kosten reduziert, oder der Preis erhöht werden.

Der Verlauf der Erlös- und Kostenkurve muss nicht immer gleichmäßig ansteigend sein. So gibt es Fälle in denen bei zunehmender Leistungsmenge eine Gewinnschwelle und eine Gewinngrenze existieren. Die Gewinngrenze kann zum Beispiel an der Kapazitätsgrenze liegen.

Im Druckerei-Beispiel wäre es denkbar, dass die Druckerei schon alle Kapazitäten für aktuelle Aufträge ausgelastet hat und weitere Aufträge an Dritte geben müsste, die zu höheren Kosten fertigen.

Im nebenstehenden Beispiel muss die Druckerei ab der Kapazitätsgrenze von 13 Aufträgen weitere Aufträge an eine Fremdfirma vergeben.
Da Fremdfirmen natürlich selber Kosten haben und einen Gewinn erwirtschaften möchten, ist das Auslagern mit höheren Kosten verbunden.

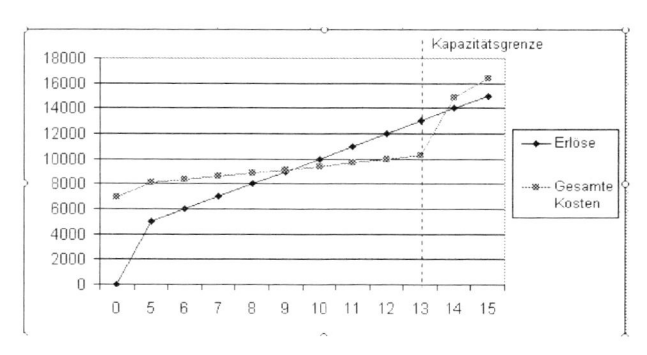

Daher nehmen die Kosten im Beispiel ab der Kapazitätsgrenze von 13 Aufträgen, die mit einer gestrichelten Linie markiert sind, wieder zu.

6.5.6 Vor- und Nachteile der Kostenorientierten Preisbildung

Die kostenorientierte Preisbildung zählt zu den weniger aufwendigen Verfahren der Preisbildung, da nur wenige Informationen zur Kalkulation benötigt werden, die im Rahmen der Buchführung und allgemeinen Kostenrechnung bereits vorhanden sind. Es müssen zum Beispiel keine aufwendigen Verbraucherumfragen oder Analysen zum Käuferverhalten durchgeführt werden, um einen Angebotspreis zu bestimmen.
Darüber hinaus sind sowohl die Vollkosten- als auch die Teilkostenrechnung einfach zu berechnen.

Als nachteilig wirkt sich aus, dass die Verteilung der Fixkosten und der Gewinnzuschlag letztendlich willkürlich sind und keinen einheitlichen Regelungen folgen. Problematisch ist auch, dass der Preis von der produzierten Menge abhängig gemacht wird, obwohl eigentlich der Mengenabsatz vom Preis abhängig ist.

In wieweit die kostenorientierte Preisbildung für die eigene Preiskalkulation geeignet ist, hängt wiederum von der jeweiligen Branche und den vorhandenen Wettbewerbern ab. Unbestreitbar ist, dass die eigenen Kosten bei der Preiskalkulation eine entscheidende Rolle spielen. Einem Unternehmen, das die eigenen Preise nur an den Wettbewerbern oder an der Nachfrage ausrichtet, dessen Produktionskosten aber höher als der Angebotspreis ausfallen, kann nicht lange am Markt bestehen. Lediglich im Sinne einer zeitlich begrenzten Verkaufsförderung wäre das Angebot einer Leistung zu einem Preis der unter den Selbstkosten liegt sinnvoll.

Das Anbieten solcher „Kampf-Preise" darf jedoch nicht zu einer ruinösen Konkurrenz führen, bei der jener Anbieter am Markt verbleibt, der die größten finanziellen Rücklagen hat. So ist zum Beispiel marktbeherrschenden Unternehmen der dauerhafte („nicht nur gelegentliche") Verkauf von Waren und Dienstleistungen unter dem Einstandspreis nach dem Gesetz gegen Wettbewerbsbeschränkungen GWB weitestgehend untersagt.

6.6 Übungen zur Preiskalkulation

1. Eine Unternehmung hat für den Monat April einen Gesamt-Erlös von 32.500,00 € ermittelt. 14 Aufträge wurden realisiert. Für die Fertigung entstanden variable Kosten in Höhe von 18.200,00 €, als fixe Kosten sind für den Monat 8000,00 € anzusetzen.

   A. Berechnen Sie den Deckungsbeitrag für den Monat April. Errechnen Sie ferner den Deckungsbeitrag pro Auftrag

   B. Für den kommenden Monat gehen Sie von 20 Aufträgen aus. Berechnen Sie mit Excel einen Angebotspreis pro Auftrag auf Vollkostenbasis unter Berücksichtigung der Kosten-Daten aus dem Monat April. Die Gewinnmarge soll 10 % betragen.

2. Für eine Auftragsanfrage haben Sie folgende Werte ermittelt:
   Variable Kosten pro Auftrag: 550,00 €
   Fixe Kosten: 2550,00 €
   Voraussichtlicher Erlös pro Auftrag: 900,00 €.

   Ab wie viel Aufträgen kann eine Kostendeckung erzielt werden? Ermitteln Sie dazu rechnerisch den break-even-point.

7 Finanzierung

7.1 Begriffe und Grundlagen

Der Bergriff Finanzierung wird in der Fachliteratur nicht einheitlich abgegrenzt. Wir übernehmen an dieser Stelle eine einfache Definition und beschreiben die Finanzierung als Beschaffung von Kapital im weitesten Sinne. Der Finanzierung fällt u.a. die Aufgabe der Bereitstellung von Geldmitteln für betriebliche Zwecke zu. Die zuständige Finanzabteilung übernimmt die Finanzplanung, die Finanzdisposition und die Überwachung der Finanzlage.

Unterschieden wird in der Finanzierung generell zwischen der Innen- und der Außenfinanzierung. Bei der Innenfinanzierung stammen die Finanzmittel aus dem Umsatzprozess, bei der Außenfinanzierung werden dem Unternehmen Mittel von externen Geldgebern durch Kapitaleinlagen oder Kreditgewährungen zugeführt.

Innenfinanzierung z.B. durch	Außenfinanzierung z.B. durch
Erlöse aus Abschreibungen	Kreditaufnahme
Verkauf von Vermögensgegenständen	Ausgabe von Anleihen
Einbehaltung von Gewinnen	Sonderformen der Fremdfinanzierung wie Leasing
Bildung von Rückstellungen	Einlagen-Beschaffung bei Personengesellschaften, Ausgabe von Anteilen bei Kapitalgesellschaften (GmbH, AG)

7.2 Innenfinanzierung (Auch cash-flow-Finanzierung)

Der *cash-flow* (auch Kassenzufluss) ist eine Maßgröße für den Finanzmittelüberschuss der laufenden Periode. Er wird nach der folgenden Formel errechnet:

Bilanzgewinn
+ Nettozuführung zu den Gewinnrücklagen
+ Nettozuführung zu Rückstellungen
+ Abschreibungen
= **cash-flow**

Der cash-flow soll den tatsächlichen Periodenerfolg ermitteln und dabei Faktoren berücksichtigen, die oft im Rahmen der Bilanzpolitik die tatsächliche Gewinnentwicklung verschleiern. Dazu zählen beispielsweise Abschreibungen.

Beim cash-flow, der am Bilanzstichtag ermittelt wird, ist aber zu beachten, dass der Wert nicht die tatsächlich verfügbaren Finanzmittel aufzeigt, da diese bereits innerhalb des Geschäftsjahres vom Unternehmen verwendet wurden.

Finanzierung

7.3 Außenfinanzierung durch Kreditaufnahme

7.3.1 Der Lieferantenkredit als Form kurzfristiger Kreditfinanzierung

Eine der häufigsten Formen der kurzfristigen Kreditfinanzierung ist der Lieferantenkredit. Bei Handelsgeschäften gewährt der Verkäufer dem Käufer oft ein Zahlungsziel. Der Käufer muss dabei die Zahlung innerhalb eines bestimmten festgelegten Zeitraumes leisten. Wenn er jedoch die Zahlung bis zu einem Stichtag leistet, kann er sich ein Skonto vom Rechnungsbetrag abziehen. Der Käufer soll somit motiviert werden, die Rechnung möglichst prompt zu bezahlen. Die Frage ist jedoch, ob ein solcher Lieferantenkredit tatsächlich so attraktiv ist, wie er auf dem ersten Blick aussieht. Wir wollen das anhand der folgenden Übung klären:

Übung: Sie kaufen neue Bürotische für EUR 4000,00 mit der Zahlungsbedingung: „Bei Zahlung innerhalb von 10 Tagen 2% Skonto, innerhalb von 30 Tagen netto Kasse".

> ➢ Öffnen Sie eine neue Excel-Mappe und geben Sie die Werte gem. Vorlage ein.
>
> ➢ Die Werte für den Rechnungsbetrag und den Skontobetrag formatieren Sie als Währung, den Wert für das Skonto formatieren Sie als Prozentwert.
>
> ➢ Der Skontobetrag ergibt sich aus dem Produkt vom Rechnungswert und Skonto. Es kann also in Zelle B5 die Formel *=B3*B4* hinterlegt werden.

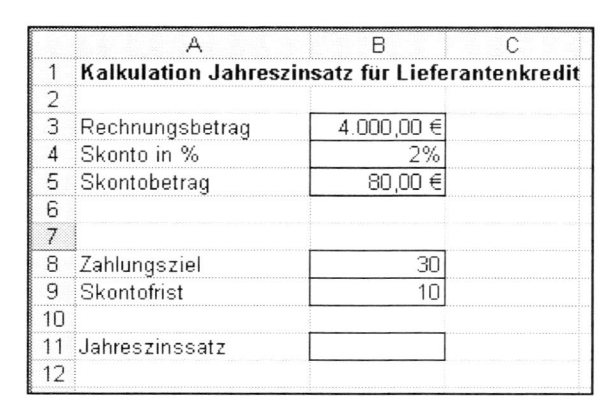

	A	B	C
1	Kalkulation Jahreszinsatz für Lieferantenkredit		
2			
3	Rechnungsbetrag	4.000,00 €	
4	Skonto in %	2%	
5	Skontobetrag	80,00 €	
6			
7			
8	Zahlungsziel	30	
9	Skontofrist	10	
10			
11	Jahreszinssatz		
12			

Sofern wir innerhalb von 10 Tagen bezahlen, können wir EUR 80,00 vom Rechnungsbetrag über EUR 4000,00 abziehen und bezahlen somit noch EUR 3920,00.

Zahlen wir nach 30 Tagen und nehmen den Lieferantenkredit in Anspruch, bezahlen wir für 20 Tage (30 Tage – 10 Tage) EUR 80,00 mehr. Hier stellt sich jetzt die Frage, welchem Jahreszins das entsprechen würde:

Für die Ermittlung des Jahreszinssatzes verwenden wir folgende Formel:

$$\frac{\text{Skontobetrag} * 360}{(\text{Rechnungsbetrag} - \text{Skontobetrag}) * (\text{Zahlungsziel} - \text{Skontofrist})} * 100$$

Diese Formel übertragen Sie in Excel wie folgt:

In die Zelle B11 nehmen Sie die Eingabe vor:

=B5*360/((B3-B5)*(B8-B9))

Die Multiplikation mit 100 lassen wir bei der Eingabe wie immer aus, da das Prozentformat den Wert in Zelle B11 automatisch mit 100 multipliziert.

	A	B
1	**Kalkulation Jahreszinsatz für Lieferantenkredit**	
2		
3	Rechnungsbetrag	4.000,00 €
4	Skonto in %	2%
5	Skontobetrag	80,00 €
6		
7		
8	Zahlungsziel	30
9	Skontofrist	10
10		
11	Jahreszinssatz	36,73%

Aus dem Rechnungsbeispiel wird ersichtlich, wie teuer der Lieferantenkredit im Vergleich zu anderen Kreditarten ist. Dennoch nehmen viele Käufer das Zahlungsziel in Anspruch, da der Lieferant in der Regel als einzige Sicherheit den Eigentumsvorbehalt an der Ware verlangt und da die Formalitäten minimal sind.

7.3.2 Das Darlehen als Form langfristiger Kreditfinanzierung

Darlehen als eine langfristige Form der Finanzierung werden zumeist als so genannte *Objektkredite* vergeben. Das heißt, mit Ihnen werden Objekte wie zum Beispiel eine Immobilie oder eine Maschine finanziert, die einen entsprechenden Gegenwert aufweisen und die gegebenenfalls vom Kreditgeber schnell gepfändet werden können.

Die Rückzahlung der Darlehenssumme kann je nach Vereinbarung auf verschiedene Weisen erfolgen:

> *Einmalig mit Vertragsablauf*: Hier muss die volle Summe zurückgezahlt werden, was für ein Unternehmen mit einer hohen Liquiditätsbelastung verbunden ist.

> *In gleichen Tilgungsraten*: Hier werden die Raten gleichmäßig zurückgezahlt, was planerisch eine Aufteilung ermöglicht.

> *In Annuitäten*: Annuitäten sind gleich hohe Zahlungen aus Zins und Tilgung zu konstanten Zahlungszeitpunkten.

Finanzierung

7.3.3 Vergleich Darlehen mit gleicher Tilgungsrate und als Annuität

Klammern wir die einmalige Kreditrückzahlung aus, wollen wir nun die Frage stellen, welche Art der Rückzahlung für den Kreditnehmer günstiger ist. Anhand der folgenden Übungsaufgabe soll zumindest eine grobe Einschätzung der Vorteilhaftigkeit ermöglicht werden.

Übung: Bitte übertragen Sie die folgenden Werte in eine Excel-Arbeitsmappe und übernehmen Sie die vorgegebenen Formate. Die Spalten für Zinsen, Tilgung, Darlehensrest und Auszahlung per anno werden wir weiter unten berechnen.

Achtung: Die Vorgaben im Beispiel haben Modellcharakter und entsprechen natürlich nicht den marktüblichen Konditionen.

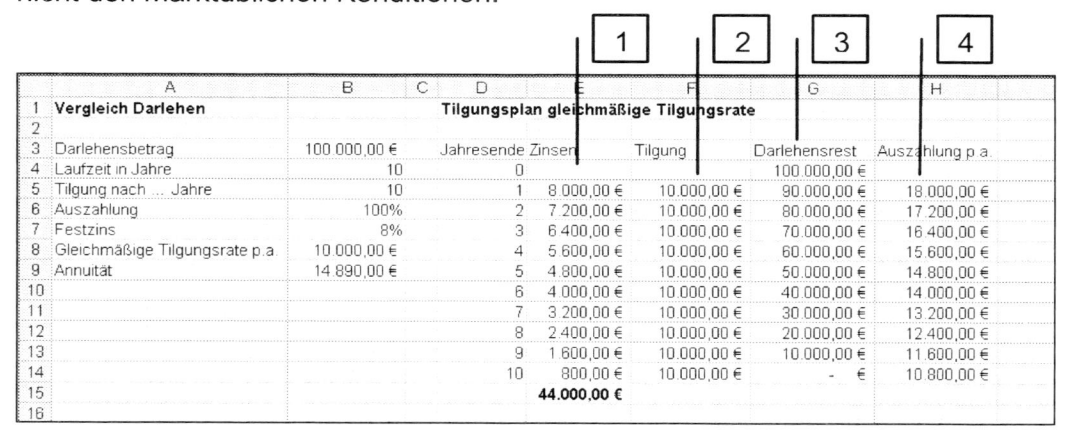

	A	B	C	D	E	F	G	H
1	Vergleich Darlehen			Tilgungsplan gleichmäßige Tilgungsrate				
2								
3	Darlehensbetrag	100.000,00 €		Jahresende	Zinsen	Tilgung	Darlehensrest	Auszahlung p.a.
4	Laufzeit in Jahre	10		0			100.000,00 €	
5	Tilgung nach ... Jahre	10		1	8.000,00 €	10.000,00 €	90.000,00 €	18.000,00 €
6	Auszahlung	100%		2	7.200,00 €	10.000,00 €	80.000,00 €	17.200,00 €
7	Festzins	8%		3	6.400,00 €	10.000,00 €	70.000,00 €	16.400,00 €
8	Gleichmäßige Tilgungsrate p.a.	10.000,00 €		4	5.600,00 €	10.000,00 €	60.000,00 €	15.600,00 €
9	Annuität	14.890,00 €		5	4.800,00 €	10.000,00 €	50.000,00 €	14.800,00 €
10				6	4.000,00 €	10.000,00 €	40.000,00 €	14.000,00 €
11				7	3.200,00 €	10.000,00 €	30.000,00 €	13.200,00 €
12				8	2.400,00 €	10.000,00 €	20.000,00 €	12.400,00 €
13				9	1.600,00 €	10.000,00 €	10.000,00 €	11.600,00 €
14				10	800,00 €	10.000,00 €	- €	10.800,00 €
15					44.000,00 €			
16								

Der Tilgungsplan für die gleiche Tilgungsrate soll im Folgenden so erstellt werden, dass die Daten zum Darlehen verändert werden können und im Tilgungsplan automatisch berücksichtigt werden.

1. Berechnung der Zinsen
Die Zinsen werden zum Jahresende des 1 Jahres auf den vollen Darlehensbetrag erhoben. Es ergibt sich somit in E5 die Formel = B7*G4 Damit wir die Formel nach unten kopieren können, müssen wir mit absoluten Bezügen arbeiten und die Zelle B7 mit dem Zinssatz fixieren. Formel für E5 *=$B$7*G4*.

2. Berechnung der Tilgung
Der Tilgungsbetrag aus der Zelle B8 ist konstant. Damit wir den Bezug kopieren können, verwenden wir auch hier absolute Bezüge. Formel für Zelle F4 *=$B$8*.

3. Berechnung des Darlehensrest
Der Darlehensrest errechnet sich aus dem Restbetrag des Vorjahres abzüglich des Tilgungsbetrages. In Zelle G5 steht die Formel: *=G4-F5*.

4. Berechnung der Auszahlung p.a.
Die Auszahlung pro Jahr, also die Summe, die wir bezahlen müssen, ergibt sich aus der Summe von Tilgungsrate und Zinsen für das abgelaufene Jahr. Formel für Zelle H4: *=E4+F4*.

Die Formeln aus den Zellen E5, F4; G5 und H4 werden nun bis zum Jahr 10 kopiert.

Ergebnis: Im vorliegenden Beispiel sind allein die Zinsen als variable Kreditkosten ausschlaggebend dafür, wie vorteilhaft ein Kredit ist. Summieren wir alle gezahlten Zinsen erhalten wir eine Zinsbelastung von gesamt **44.000,00 €**.

Übung: Nach dem gleichen Verfahren wie oben entwickeln Sie bitte den Tilgungsplan für die annuitätische Tilgungsleistung direkt unter dem bereits vorhandenen Plan. :

	A	B	C	D	E	F	G	H	I
1	Vergleich Darlehen			Tilgungsplan gleichmäßige Tilgungsrate					
2									
3	Darlehensbetrag	100.000,00 €		Jahresende	Zinsen	Tilgung	Darlehensrest	Auszahlung p.a.	
4	Laufzeit in Jahre	10		0			100.000,00 €		
5	Tilgung nach Jahre	10		1	8.000,00 €	10.000,00 €	90.000,00 €	18.000,00 €	
6	Auszahlung	100%		2	7.200,00 €	10.000,00 €	80.000,00 €	17.200,00 €	
7	Festzins	8%		3	6.400,00 €	10.000,00 €	70.000,00 €	16.400,00 €	
8	Gleichmäßige Tilgungsrate p.a.	10.000,00 €		4	5.600,00 €	10.000,00 €	60.000,00 €	15.600,00 €	
9	Annuität	14.890,00 €		5	4.800,00 €	10.000,00 €	50.000,00 €	14.800,00 €	
10				6	4.000,00 €	10.000,00 €	40.000,00 €	14.000,00 €	
11				7	3.200,00 €	10.000,00 €	30.000,00 €	13.200,00 €	
12				8	2.400,00 €	10.000,00 €	20.000,00 €	12.400,00 €	
13				9	1.600,00 €	10.000,00 €	10.000,00 €	11.600,00 €	
14				10	800,00 €	10.000,00 €	- €	10.800,00 €	
15					44.000,00 €				
16				Tilgungsplan annuitätische Zins- und Tilgungszahlung					
17									
18				Jahresende	Zinsen	Tilgung	Darlehensrest	Annuität =Auszahlung p.a.	
19				0			100.000,00 €		
20				1	8.000,00 €	6.890,00 €	93.110,00 €	14.890,00 €	
21				2					
22				3					
23				4	①	②	③	④	
24				5					
25				6					
26				7					
27				8					
28				9					
29				10					

1. Berechnung Zinsen
Die Zinsen errechnen sich wie im oberen Beispiel aus dem Zinssatz und dem Darlehensrest. Formel für E20 *=$B$7*G19*.

2. Tilgung
Die Tilgung ergibt sich bei diesem Verfahren aus der Differenz von Annuität 14.890,00 € und den Zinsen von 8000,00 €, also 6890,00 €. In Zelle F20 ist die Formel *=H20-E20* einzusetzen.

3. Darlehensrest
Der Darlehensrest errechnet sich aus dem Restbetrag des Vorjahres abzüglich des Tilgungsbetrages. In Zelle G20 steht die Formel: *=G19-F20*.

4. Berechnung der Auszahlung p.a.
Die Auszahlung pro Jahr ist die Summe von Zinsen + Tilgung oder die Annuität aus Zelle B9. Geben Sie hier in Zelle H20 die Formel *=$B$9* ein.

Kopieren Sie die Zellen E20, F20, G20 und H20 über die 10 Jahre.

Ergebnis: Summieren wir alle gezahlten Zinsen erhalten wir eine Zinsbelastung von gesamt **49.087,58 €**.

Finanzierung

	A	B	C	D	E	F	G	H
16				\multicolumn{5}{l	}{Tilgungsplan annuitätische Zins- und Tilgungszahlung}
17								
18				Jahresende	Zinsen	Tilgung	Darlehensrest	Annuität =Auszahlung p.a.
19				0			100.000,00 €	
20				1	8.000,00 €	6.890,00 €	93.110,00 €	14.890,00 €
21				2	7.448,80 €	7.441,20 €	85.668,80 €	14.890,00 €
22				3	6.853,50 €	8.036,50 €	77.632,30 €	14.890,00 €
23				4	6.210,58 €	8.679,42 €	68.952,89 €	14.890,00 €
24				5	5.516,23 €	9.373,77 €	59.579,12 €	14.890,00 €
25				6	4.766,33 €	10.123,67 €	49.455,45 €	14.890,00 €
26				7	3.956,44 €	10.933,56 €	38.521,88 €	14.890,00 €
27				8	3.081,75 €	11.808,25 €	26.713,64 €	14.890,00 €
28				9	2.137,09 €	12.752,91 €	13.960,73 €	14.890,00 €
29				10	1.116,86 €	13.773,14 €	187,58 €	14.890,00 €
30					49.087,58 €			

Im vorliegenden Fallbeispiel wurden im Falle der gleichen Tilgungsraten in 10 Jahren 44.000,00 EUR Zinsen gezahlt. Bei der annuitätischen Tilgung wurden hingegen im gleichen Zeitraum 49.087,58 EUR bezahlt. Somit ist die annuitätische Zahlung in unserem Beispiel um circa 5.000 EUR teuerer.

Anhand der Übungsbeispiele lässt sich folgendes feststellen: Das Darlehen mit den gleichen Tilgungsraten ist zwar mit einem geringeren Zinsaufwand verbunden, dafür müssen jedoch besonders in den ersten Jahren höhere Rückzahlungen aufgebracht werden. Wer dieses Kapital für die anfänglichen hohen Rückzahlungen nicht aufbringen kann, wird sich also für eine annuitätische Rückzahlung des Darlehens entscheiden.

7.4 Leasing als weitere Form der Finanzierung

Beim Leasing wird ein Gegenstand des betrieblichen Anlagevermögens (Maschinen, Dienstwagen) durch eine zumeist spezialisiere Leasinggesellschaft als Leasing-Geber einem Leasing-Nehmer überlassen. Der Leasingvertrag ist in der Praxis als ein mittel- oder langfristiger Kredit anzusehen, bei dem statt der Zinsen eine monatliche Miete zu zahlen ist. Oft wird auch eine feste Grundmietzeit vereinbart, mit der Möglichkeit, anschließend den Gegenstand zurückzugeben, zu einem geringen Preis zu erwerben oder das Mietverhältnis fortzusetzen.

Vorteile: Verbesserung der Liquidität des Unternehmens, Steuerersparnis, Möglichkeit der schnelleren Erneuerung rasch veraltender Anlagen.
Nachteile: Der Leasingnehmer muss eine laufende Mietbelastung einplanen.

Unterschieden wird zwischen dem Operate-Leasing und dem Finanzierungs-Leasing. Das Operate-Leasing ist ein jederzeit kündbares Mietverhältnis wobei der Leasing-Geber das Investitionsrisiko trägt. Beim Finanzierungs-Leasing über einen längeren Zeitraum wird eine Grundmietzeit vereinbart, in der das Mietverhältnis nicht gekündigt werden kann. Träger des Investitions-Risikos ist der Leasingnehmer.

7.5 Finanzierungsregeln und ausgesuchte Kennzahlen als Entscheidungshilfen

Unternehmenskennzahlen gewinnen für die Betriebsleitung zunehmend an praktischer Bedeutung. Diese Kennzahlungen basieren auf Berechnungsregeln und ermöglichen zum Beispiel die rechtzeitige Erkennung von Risiken aber auch von Chancen.

Vorrangige Aufgabe der Finanzierungsregeln die in der Praxis Anwendung finden, ist der Schutz der Gläubiger, dessen Risiken darin bestehen, dass der Kreditnehmer seinen Zahlungsverpflichtungen nicht nachkommt.

Da Unternehmen mit der Veröffentlichung von Geschäftsdaten bekanntlich recht sparsam umgehen und Gläubigern häufig verlässliche Angaben aus den Finanzierungsplänen der Unternehmen nicht zur Verfügung stehen, ist die Einschätzung der Kreditwürdigkeit eines Unternehmens oft nur auf Grundlage der veröffentlichten Jahresabschlüsse und Geschäftszahlen möglich. Im Laufe der Jahre haben sich daher im Wirtschaftsleben Regelungen herausgebildet, wie einzelne Positionen eines ordentlichen und zuverlässigen kaufmännischen Unternehmens auszusehen haben.

Diese Größen, die sich traditionell entwickelt haben, wurden als so genannte Finanzierungsregeln bekannt.

7.5.1 Goldene Bilanzregel

Diese fordert, dass das Anlagevermögen (AV) eines Unternehmens (z.B. Maschinen, Werkshallen) durch Eigenkapital (EK) und langfristiges Fremdkapital (FK) (z.B. Beteiligungen) gedeckt sein sollte. Zur Messung der Fristenentsprechung wurde der so genannte *Deckungsgrad* als Kennzahl entwickelt. Der Anlagendeckungsgrad trifft zumindest eine grobe Aussage über die Stabilität der Unternehmensfinanzierung:

$$\text{Deckungsgrad (DG)}1 = EK / AV * 100$$

Der Deckungsgrad 1 sollte größer als 100% sein. Der Deckungsgrad 1 zeigt an, wie viel Prozent des Anlagevermögens mit Eigenkapital finanziert sind. Ein DG 1 von 70 Prozent bedeutet zum Beispiel, dass einem Euro Anlagevermögen 70 Cent Eigenkapital gegenüberstehen und somit Teile des Anlagevermögens, nämlich die verbleibenden 30 Prozent, mit Fremdkapital finanziert werden müssen.

In der Praxis ist der Deckungsgrad 1 bei der Mehrzahl von deutschen Unternehmen kleiner als 100%.

Diese Regelung wird abgeschwächt im Deckungsgrad 2:

DG 2 = EK + langfristiges FK / AV * 100 > 100 %

Ein Deckungsgrad 2 von 80 Prozent bedeutet zum Beispiel, dass lediglich 80 Prozent des Anlagevermögens langfristig und die restlichen 20 Prozent kurzfristig finanziert werden. Da das Anlagevermögen langfristig gebunden ist, sollte es in der Regel auch langfristig finanziert werden.

Im Umkehrschluss würde das Umlaufvermögen nicht ausreichen, um das gesamte kurzfristige Fremdkapital zu bedienen. Der Deckungsgrad 2 sollte somit mindestens 100 Prozent betragen. Werte über 100 Prozent zeigen an, dass auch betriebsnotwendiges langfristiges Umlaufvermögen abgedeckt ist.

7.5.2 Eigenkapitalquote

Die Eigenkapitalquote gibt den Anteil des Eigenkapitals zum Gesamtkapital an.

Insbesondere bei Verhandlungen über Kredite wird zur Beurteilung eines Unternehmens gemessen, in welchem Verhältnis das eigene Kapital zum Gesamtkapital steht. Das heißt, wie viel Prozent eigene Mittel vom Unternehmer in das Unternehmen eingebracht wurden und wie viel Prozent von fremden Geldgebern wie Banken oder Teilhabern stammen.

Die Eigenkapitalquote gibt das Verhältnis aus Gesamtkapital und Eigenkapital an und ermöglicht so Rückschlüsse auf die Zahlungsfähigkeit eines Unternehmens zu.

$$\text{Eigenkapitalquote} = \frac{\text{Eigenkapital} * 100}{\text{Bilanzsumme}}$$

Grundsätzlich gilt:

> Je mehr Eigenkapital eingebracht wird, desto höher ist die Eigenkapitalquote.

> Je höher die Eigenkapitalquote, desto kreditwürdiger ist ein Unternehmen.

> Je mehr Eigenkapital eingebracht wird, desto mehr sind der oder die Inhaber am unternehmerischen Risiko beteiligt.

7.5.3 Verschuldungsgrad

Der Verschuldungsgrad gibt als Prozentwert an, wie viel Fremdkapital auf eine Einheit Eigenkapital entfallen.

Der Verschuldungsgrad als Kennzahl ist in den folgenden Formen von Bedeutung:
> Zum einen als statischer Verschuldungsgrad (Fremdkapital zu Gesamtkapital) zur Analyse der Kapitalstruktur anhand der Bilanz.
> Zum andern als dynamischer Verschuldungsgrad (Effektivverschuldung zu cash-flow), der aufzeigt, welche Zeitspanne (Jahre) erforderlich wird, um aus dem cash-flow die effektiven Schulden (Forderungen abzüglich Verbindlichkeiten) zu tilgen.

Der Verschuldungsgrad eines Unternehmens berechnet sich aus dem Fremdkapital im Verhältnis zum Eigenkapital. Grundsätzlich gilt, je höher der Verschuldungsgrad, desto abhängiger ist damit das Unternehmen von externen Gläubigern. Diese Unternehmenskennzahl zeigt somit auf, wie lange es dauert, bis für das Unternehmen aufgenommene Kredite zurückgezahlt sind. Dieser Wert behält seine Aussagekraft natürlich nur, so lange künftige Investitionen nicht durch Fremdkapital finanziert werden.

Der Verschuldungsgrad errechnet sich, indem das Fremdkapital (Verbindlichkeiten) durch das Eigenkapital geteilt wird.

$$\text{Verschuldungsgrad} = \frac{\text{Fremdkapital} * 100}{\text{Eigenkapital}}$$

Eine Variante der Kennzahl ist der dynamische Verschuldungsgrad. Dazu werden die Verbindlichkeiten durch den cash-flow geteilt.

$$\text{dyn. Verschuldungsgrad} = \frac{\text{Verbindlichkeiten - liquide Mittel}}{\text{cash - flow}}$$

Eine steigende Verschuldung im Zeitablauf ist nicht grundsätzlich negativ. Nimmt ein Unternehmen beispielsweise Kapital auf, um damit Projekte zu finanzieren, deren Rendite über dem Fremdkapitalzins liegt, ist das letztlich positiv zu bewerten. In der Finanzwirtschaft versteht man darunter den so genannten Leverage-Effekt. Erodiert allerdings die Rentabilität des Unternehmens bei steigender Verschuldung, kann das auf eine spätere Insolvenz des Unternehmens hindeuten.

Folglich dürfen die Kennzahlen Verschuldungsgrad und Eigenkapitalquote nie isoliert betrachtet, sondern sollten immer in Verbindung mit der Ertragslage der Unternehmung analysiert werden. Als allgemeingültige Regel gilt: Der Verschuldungsgrad sollte möglichst unter 100 Prozent liegen.

Finanzierung

7.6 Übungen zur Finanzierung

1. Eine Unternehmung weist für 2001 folgende Zahlen auf:

   cash-flow: EUR 250.000,00
   Eigenkapital: EUR 500.000,00
   Kassenbestand   EUR 25.000,00
   Fremdkapital: EUR 780.000,00
   Anlagevermögen   EUR 1.280.000,00

   Ermitteln Sie den **Verschuldungsgrad** und den **Deckungsgrad 1 (DG1)**.

2. Sie kaufen bei einem Händler 4 neue Computer für 6000 EUR. Beim Kauf wird Ihnen ein Lieferantenkredit angeboten. Die Bedingungen besagen, dass Sie sich nach dem Kauf der Rechner innerhalb von 14 Tagen ein Skonto von 3% abziehen können. Innerhalb von 30 Tagen ist netto zahlen.

   Welcher Zinssatz liegt rechnerisch bei diesem Lieferantenkredit zugrunde? Würde sich die Beanspruchung des Krediges lohnen?

3. Ein „Kumpel aus alten Zeiten" bittet Sie um einen Kredit. Er behauptet Eigentümer einer GmbH zu sein, die „(...) solide Ergebnisse erwirtschaftet und schon einigen Gewinn abgeworfen hat". Sie sind jedoch skeptisch. Als sorgsamer Unternehmer möchten Sie zunächst feststellen, über wie viel Eigenkapital im Verhältnis zum Fremdkapital der potentielle Kreditnehmer eigentlich verfügt. Welche Finanzierungsregel kann hier weiterhelfen? Aus einer verborgenen Informationsquelle konnten Sie feststellen, dass besagtes Unternehmen über eine Summe von 1,5 Mio. EUR bilanziert und über ein Eigenkapital von 120.000 EUR verfügt.

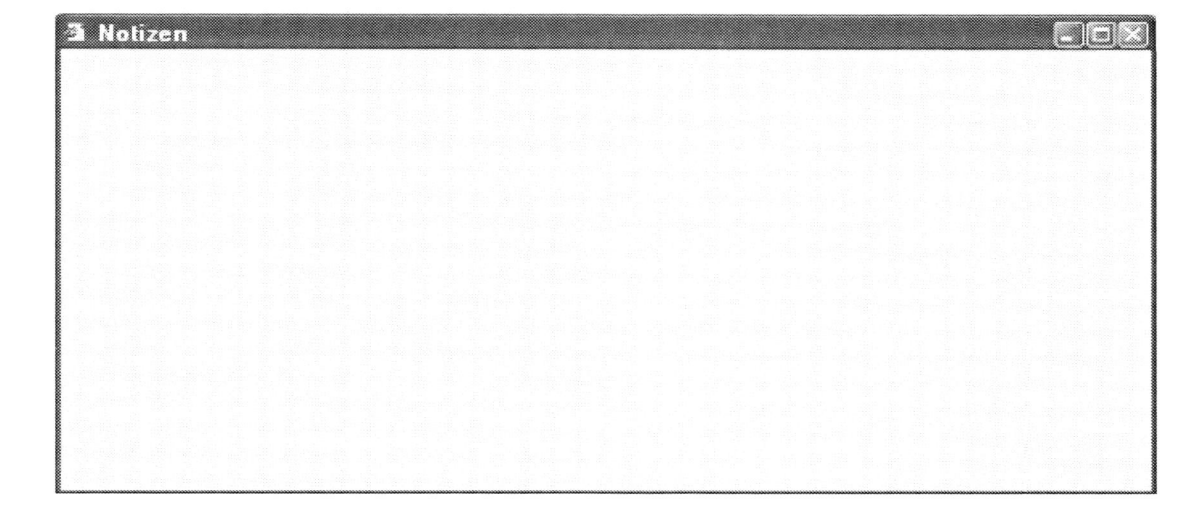

8 Grundlagen der Investitionsrechnung

Nachdem wir uns über die Grundbegriffe und Arten der Finanzierung einen Überblick verschafft haben, wenden wir uns nun der Investitionsrechnung zu. Die Begriffe Finanzierung und Investition stehen dabei in einem engen Zusammenhang. So kann eine Investition nur dann getätigt werden, wenn auch finanzielle Mittel vorhanden sind oder beschafft werden können. Andererseits ist die Beschaffung finanzieller Mittel für ein Unternehmen sinnlos, wenn diese nicht gewinnbringend eingesetzt werden können.

Unter der Finanzierung verstehen wir somit die *Beschaffung* und unter Investition die *Verwendung* finanzieller Mittel. Eine Investition ist die Anlage finanzieller Mittel in verschiedenste Objekte (Maschinen, Fahrzeuge, Beteiligungen), die uns längerfristig einen Nutzen versprechen. Auch das Excel-Seminar für die Mitarbeiter ist eine Investition, da das Unternehmen von den erlernten Fähigkeiten und Kenntnissen des Mitarbeiters profitiert.

8.1 Methoden der Investitionsrechnung

Die Hauptaufgabe der Investitionsrechnung liegt darin, dem Unternehmer eine Beurteilung von Investitionen zu ermöglichen. Sie soll ganz allgemein gesagt die Frage klären, ob sich eine Investition lohnt oder nicht.

Grundlage jeder Berechnung ist die Annahme, dass durch Investitionen Einnahmen und Ausgaben verursacht werden. Zu den Ausgaben zählen die Anschaffungsausgabe für Einkaufspreis, Fracht, Montage usw. und laufende Ausgaben für z.B. Betriebskosten.

Zu den Einnahmen zählen Verkaufserlöse, die durch den Einsatz des Investitionsobjektes erzielt werden. Beispielsweise Einnahmen aus Transportdienstleistungen, die durch die Investition in einen neuen Kleintransporter erzielt werden. Zu den Einnahmen zählt auch der Liquidationserlös der durch den Verkauf am Ende der Nutzungsdauer erzielt wird.

Weiterhin wird angenommen, dass die Anschaffungsausgaben am Anfang der ersten Periode liegen und dass in den folgenden Perioden konstante Einnahmeüberschüsse realisiert werden. Wir können bereits jetzt grob sagen: Eine Investition lohnt sich offensichtlich, wenn die Summe aller Einnahmen über alle geplanten Perioden größer ist als die Summe aller Ausgaben. Doch wie schaut eine solche Investitionsrechnung aus? Das folgende Übungsbeispiel verschafft uns einen ersten Überblick.

Grundlagen der Investitionsrechnung

Übungsbeispiel: Ein Transportunternehmer kauft einen neuen Kleintransporter für Kurierfahrten für EUR 30.000,00. Neben den Anschaffungspreis für den Transporter hat er laufende Ausgaben für Benzin, Wartung, Steuern, Versicherung und vor allem Lohnkosten für den neuen Fahrer. Zusammen ca. EUR 3.000,00. Der Unternehmer erwartet durch bereits in Aussicht gestellte Frachtaufträge feste Einnahmen von ca. EUR 4.500,00. Laut Auskunft des Händlers kann der Kleintransporter nach dem jetzigen Stand der Dinge in 4 Jahren für ca. EUR 10.000,00 verkauft werden. Die Investition sieht in Zahlen wie folgt aus:

Jahr	0	1	2	3	4
Ausgaben	30.000	3.000	3.000	3.000	3.000
Einnahmen		5.500	5.500	5.500	5.500
					10.000

> **Übung**: Geben Sie die Werte in Excel ein und bilden Sie die Summen für Ausgaben und Einnahmen. Treffen Sie eine grobe Aussage darüber, ob sich die Investition lohnen würde.

Lösung: Wenn wir die gesamten Ausgaben und Einnahmen summieren ergeben sich EUR 42.000 als Ausgaben und EUR 32.000 als Einnahmen. Die Investition lohnt sich offenkundig nicht, da die Summe aller Einnahmen kleiner ist als die Summe aller Ausgaben. Der Unternehmer müsste beispielsweise ein billigeres Fahrzeug kaufen und/ oder höhere Einnahmen erzielen.

Nicht immer ist die Berechnung einer Investition so klar, wie im obigen Beispiel. Für die Berechnung komplexerer Beispiele stehen daher eine Anzahl verschiedener Methoden zur Verfügung. Im Einzelnen gibt es in der Investitionsrechnung statische und dynamische Verfahren. Bei den dynamischen Verfahren werden bei Einzahlungen und Auszahlungen die zeitlichen Unterschiede durch die Anwendung der Zinseszinsrechnung berücksichtigt. Bei den statischen Verfahren werden diese Zeitunterschiede nicht berücksichtigt.

8.2 Der Kalkulationszinsfuß

Ein wichtiger Wert der Investitionsrechnung ist der Kalkulationszinsfuß (i), der dem Investor die Möglichkeit gibt, die Vorteilhaftigkeit einer Investition zu messen, indem er eine Investition mit einer alternativen Anlagemöglichkeit vergleicht. Grundsätzlich ist der Kalkulationszinsfuß die vom Investor geforderte Mindestverzinsung.

Beispiel: Sie stehen als Unternehmer vor der Wahl Kapital entweder in eine neue Maschine zu investieren oder unser Kapital am Geldmarkt anzulegen. Am Geldmarkt werden uns für das Geld für eine langfristige Anlage 6 % Zinsen geboten. Damit wir uns für die Investition in die neue Maschine entscheiden muss diese also mindestens eine Verzinsung von 6 % ergeben.

Beim Einsatz von Fremdkapital muss die Investition in die Maschine mindestens die Verzinsung in Höhe der Kreditzinsen erzielen. Beispiel: Wenn wir für den Kauf der Maschine einen Kredit von 10.000,00 € zu einem Zinssatz von 8% aufnehmen ist unser Kalkulationszinsfuß mindestens 8 %.

8.3 Rentabilitätsrechnung

Durch die Rentabilitätsrechnung soll festgestellt werden, welche Rendite das investierte Kapital erwirtschaftet hat. Die Rentabilitätsrechnung zählt zu den statischen Verfahren. Bei der Berechnung der Rentabilität (*ROI – return on investment*) wird der Gewinn ohne Berücksichtigung kalkulatorischer Zinsen ermittelt. Die Formel lautet:

$$\text{Return on investment} = \frac{\text{Gewinn}}{\text{Umsatz}} \times \frac{\text{Umsatz}}{\text{invest. Kapital}} \times 100$$

Dabei wird unter dem reinen Begriff Umsatz der Verkaufswert des Absatzes eines Unternehmens innerhalb eines Zeitraums verstanden. Also, beispielsweise die Summe aller berechneten Leistungen innerhalb eines Monats.

Beispiel: Bei einem Umsatz von EUR 500.000 pro Jahr und einem Gewinn von EUR 70.000 pro Jahr, ergäbe sich bei einem investierten Kapital von EUR 1.500.000 ein ROI von: (EUR 70.000/ EUR 500.000) * (EUR 500.000/ EUR 1.500.000) * 100 = **4,62**.

Das investierte Kapital erwirtschaftet also eine Rendite von 4,62%.

8.4 Amortisationsrechnung

Die statische Amotisationsrechnung (auch pay-back oder pay-out-Rechnung) soll Aufschluss darüber geben, wie lange es dauert, bis der Anschaffungsbetrag der Investition durch die erzielen Einnahmeüberschüsse zurückgeflossen ist. Die Amortisationsdauer (AD) ohne Kapitalverzinsung läst sich in einer Durchschnittsbetrachtung errechnen:

AD = Anschaffungskosten / durchschnittliche Einnahmenüberschüsse

Beispiel: Der Lieferwagen aus dem obigen Beispiel kostet nun 25.000,00 €. Für die kommenden Jahre rechnet der Unternehmer mit jährlich Einnahmeüberschüssen von 5.000,00 €. Hieraus ergibt sich die Rechnung:

AD = 25.000 / 5000 = 5 Jahre.

Lösung: Wenn der Lieferwagen 5 Jahre durchhält und sich die prognostizierten Einnahmeüberschüsse realisieren lassen, hat sich die Investition in 5 Jahren amortisiert.

Grundlagen der Investitionsrechnung

8.5 Grundlagen der dynamischen Investitionsrechnung

8.5.1 Annahmen und Grundlagen für die Modellrechnung

- In unseren Beispielen werden Beträge immer nachträglich monatlich verzinst.

- Zur Vereinfachung gehen wir davon aus, dass der angegebene Zinssatz immer auch der effektive Zinssatz ist.

- Für den Zinssatz entscheidende weitere Faktoren wie ein Disagio, Bearbeitungs- oder sonstige Gebühren werden nicht berücksichtigt.

- Zahlungsausgänge müssen immer mit einem Minus versehen werden. Ein Zahlungsausgang ist zum Beispiel die Anlage einer Summe auf einem Sparbuch. Das Geld wird an die Bank ausgezahlt und steht während der Vertragsdauer nicht mehr zur Verfügung.

8.5.2 Aufzinsen von Beträgen

Gemeinsames Merkmal der dynamischen Methoden ist, dass alle zu den verschiedenen Zeitpunkten anfallenden Zahlungen abgezinst (Kapitalwert-Methode) oder aufgezinst (Vermögensendwert-Methode) werden.

Beim *Aufzinsen* von Beträgen steht immer die Frage im Mittelpunkt, welchen Endwert ein Betrag in x Jahren mit Zinsen und Zinseszinsen hat, den ich heute zu einem bestimmten Zinssatz anlege.

Für die Berechnung benötigen wir bestimmte Grunddaten die vorliegen müssen.

Übungsbeispiel:

Heutiger Anlagebetrag	EUR 5.000,00
Zinssatz p.a. (per anno)	3,00 %
Anlagezeitraum	3 Jahre

Für die Lösung werden die Zinsen und der Kontostand für jedes Jahr nacheinander berechnet, der Kontostand am Ende des dritten Jahres entspricht der Auszahlung nach Ablauf des Anlagezeitraumes.

Grundlagen der Investitionsrechnung

1. Jahr:
Am Ende des 1. Jahres werden 3% Zinsen auf den Anlagebetrag 5.000 EUR fällig. Dies entspricht 150 EUR. Der Kontostand beträgt 5.150 EUR Anlagebetrag plus Zinsen.

2. Jahr:
Am Ende des 2. Jahres werden wiederum 3% Zins auf den Kontostand fällig, also 3% von 5.150 EUR. Es ergeben sich als Zinsbetrag 154,50 EUR, als Kontostand 5.304,50 EUR.

3. Jahr:
Die fälligen Zinsen betragen nun 3% von 5.304,50 EUR, dies ist ein Betrag von 159,14 EUR. Der Kontostand nach drei Jahren ist auf 5.463,64 EUR angewachsen.

Übung: Zur Berechnung nutzen wir nun wieder MS Excel und übertragen die obigen Daten wie in der rechts aufgeführten Vorlage in ein leeres Tabellenblatt. Ziel für uns ist es, die Formel zur Berechnung der Zinsen und Zinseszinsen zu entwickeln.

	A	B	C
1	Investitionsrechnung - Aufzinsen von Beträgen		
2			
3			
4	Anlagesumme	5.000,00 €	
5	Zinssatz p.a.	3%	
6	Dauer in Jahre	3	
7			
8			
9	Anlagebetrag	5.000,00 €	
10	1. Jahr	5.150,00 €	
11	2. Jahr	5.304,50 €	
12	3. Jahr	5.463,64 €	

Lösung: Für das Jahr 1 in der Zelle B10 geben Sie ein:

=B9+(B9*$B$5).

Die Formel für die Berechnung des Kontostandes addiert zum jeweiligen Kontostand des Vorjahres die fälligen Zinsen.

Für die weiteren Jahre kann diese Formel (durch die Verwendung des absoluten Bezuges auf den Zinssatz) problemlos kopiert werden.

Grundlagen der Investitionsrechnung

Betrachtet man die Entwicklung der Kontostände genau, so ist zu erkennen, dass der Kontostand eines Jahres genau 103% des Vorjahres entspricht. Mit dem Anlagebetrag als Kontostand des Jahres 0 (zu Beginn des Anlagezeitraumes) ergibt sich:

Kontostand Jahr 0 = Anlagebetrag

Kontostand Jahr 1 = Kontostand Jahr 0 * 103%

Kontostand Jahr 2 = Kontostand Jahr 1 * 103%

Kombinieren der obigen Formeln ergibt:

Kontostand Jahr 2 = Kontostand Jahr 0 * 103% * 103%

Kontostand Jahr 2 = Kontostand Jahr 0 * $(103\%)^2$

usw.

Diese Berechnungsmöglichkeit lässt sich allgemein für eine beliebige Anzahl Jahre „n" schreiben als:

Kontostand Jahr n = Kontostand Jahr 0 * $(103\%)^n$

Oder in der Schreibweise, die in der Finanzmathematik üblich ist:

$$ZW_n = BW_0 * (100\% + p\%)^n$$

ZW_n: Ist der Zukunftswert nach „n" Jahren (Kontostand am Ende des Jahres „n")
BW_0: Entspricht dem Barwert (der Einzahlung) im Jahr 0 (zu Beginn der Laufzeit)
$p\%$: Zinssatz in %, zu dem der angelegte Betrag verzinst wird

Werden die Prozente wieder in einfache Zahlen umgewandelt, d.h. jeweils durch 100 geteilt ergibt sich die Formel in Dezimalschreibweise:

$$EW_n = BW_0 * (1 + i)^n$$

i: Zinssatz in Dezimalschreibweise (z.B. 0,05 für 5%)

Da Berechnungen dieser Art in der Finanzmathematik recht häufig vorkommen, sind entsprechende Funktionen in Excel verfügbar, mit deren Hilfe sich Auf- bzw. Abzinsungen berechnen lassen. Diese Funktionen und ihre Parameter sind im Folgenden anhand der Funktion „zukünftiger Wert" (ZW) dargestellt.

Grundlagen der Investitionsrechnung

Übung: Fügen Sie zunächst die Daten gemäß der Vorlage in Excel ein: Die Anlagesumme wird hier als negativer Wert (-5.000 €) eingegeben, da Sie diesen Betrag auszahlen und dieser Ihnen während der Laufzeit nicht zur Verfügung steht.

Alle Verfahren können mit Funktionen aus der Finanzmathematik die in Excel zur Verfügung stehen berechnet werden. Für den Einsatz der jeweiligen Funktion steht Ihnen der Funktionsassistent zur Verfügung:

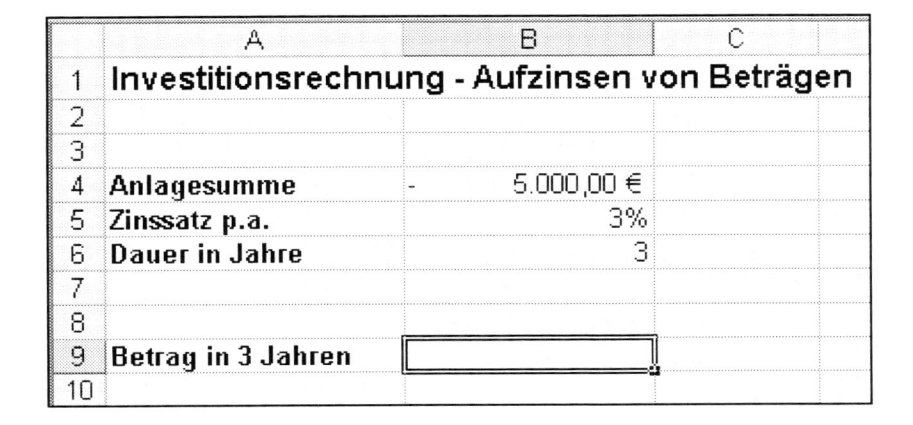

	A	B
1	**Investitionsrechnung - Aufzinsen von Beträgen**	
2		
3		
4	Anlagesumme	- 5.000,00 €
5	Zinssatz p.a.	3%
6	Dauer in Jahre	3
7		
8		
9	Betrag in 3 Jahren	
10		

- Platzieren Sie den Zellcursor auf Zelle B9 und klicken Sie auf den Schalter *Funktionsassistent*.

- Im Funktionsassistenten wählen Sie unter Kategorie einfügen im Dropdownmenü *Finanzmathematik* aus.

- Markieren Sie die Funktion *ZW* für Zukunftswert und klicken Sie auf OK.

- Im Dialogfeld müssen jetzt die Zellen mit den so genannten Funktionsargumenten eingetragen werden.

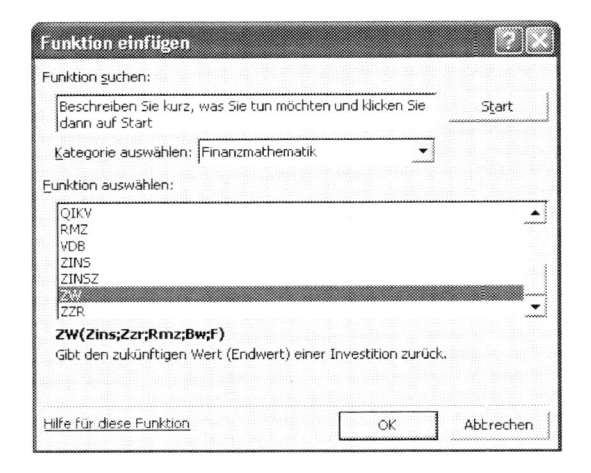

Grundlagen der Investitionsrechnung

Bevor wir mit dem Funktionsassistenten fortfahren, wollen wir zunächst klären, welche Werte grundsätzlich für diese Art Berechnung benötigt werden:

Zins
Ist der Zinssatz pro Periode (Zahlungszeitraum). Bei einer nachträglichen monatlichen Verzinsung muss bei einem Zinssatz von 7% p.a. der Wert 7/ 12 (Monate) eingegeben werden. Das Ergebnis 0,583 ist der Zinssatz 7% anteilig pro Monat.

Zzr (Anzahl der Zahlungszeiträume)
Gibt an, über wie viele Perioden die jeweilige Annuität (Rente) gezahlt wird. Wenn Sie beispielsweise einen Kredit mit einer Laufzeit von 3 Jahren aufnehmen, den Sie in monatlichen Raten zurückzahlen, hat der Kredit eine Laufzeit von 3*12 (oder 36) Perioden. Für **Zzr** müssten Sie also 36 angeben.

Rmz (Regelmäßige Zahlung)
Ist der Betrag (die Annuität), der in den einzelnen Perioden gezahlt wird. In der Praxis ist dieser Wert mit der Kreditrate identisch. Dieser Betrag bleibt während der Laufzeit konstant. Üblicherweise umfasst **Rmz** das Kapital und die Zinsen. Weitere Faktoren wie sonstige Gebühren für die Kontoführung oder Steuern bleiben unberücksichtigt. Wenn für **Rmz** kein Wert angegeben wird, dann muss ein Wert für **Zw** angegeben werden.

Zw (Zukünftiger Wert)
Ist der zukünftige Wert (Endwert), den Sie nach der letzten Zahlung erreicht haben möchten. Fehlt der Wert **Zw**, wird er als 0 angenommen (beispielsweise ist der Endwert eines Kredits gleich 0). Wenn Sie 80.000 EUR ansparen möchten, um in 9 Jahren ein neues Auto finanzieren zu können, ist der zugehörige Endwert 80.000 EUR. Mit einer vorsichtigen und möglichst realistischen Schätzung des Zinssatzes können Sie nun ausrechnen, wie viel Sie jeden Monat sparen müssen um in 9 Jahren 80.000 EUR angespart zu haben. Wenn für **Zw** kein Wert angegeben wird, dann muss ein Wert für **Rmz** angegeben werden.

Bw (Barwert)
Ist der Barwert: der Gesamtbetrag, den eine Reihe zukünftiger Zahlungen zum gegenwärtigen Zeitpunkt wert ist. Wenn ich z.B. heute 5.000,00 EUR bei der Bank für 3 Jahre anlege ist dieser Betrag der Barwert – unabhängig von den Zinsen die ja heute noch nicht realisiert sind.

F (Fälligkeit)
Kann den Wert 0 oder 1 annehmen und gibt an, wann die Zahlungen fällig sind. Bei einem Wert von 0 oder keiner Eingabe wird angenommen, dass die Zahlung am Ende einer Periode fällig wird. Beim Wert 1 wird angenommen dass die Zahlung am Anfang einer Periode fällig wird.

Grundlagen der Investitionsrechnung

> Nachdem Sie den Funktionsassistenten gestartet haben und sich im Dialogfeld Funktionsargumente befinden geben Sie jeweils die Zellen mit den entsprechenden Werten ein.

> Klicken Sie mit der Maus in das Eingabefeld Zins. Klicken Sie dann mit der Maus auf die Zelle B5 mit dem Zinssatz 3%. Durch das Klicken wird im Assistenten der Zellbezug B5 eingetragen.

> Gehen Sie für Zzr (Zahlungszeitraum = Dauer in Jahre) und die Anlagesumme (=BW) gleichermaßen vor. Im Assistenten wird bereits das Formelergebnis angezeigt. Beenden Sie den Dialog mit OK.

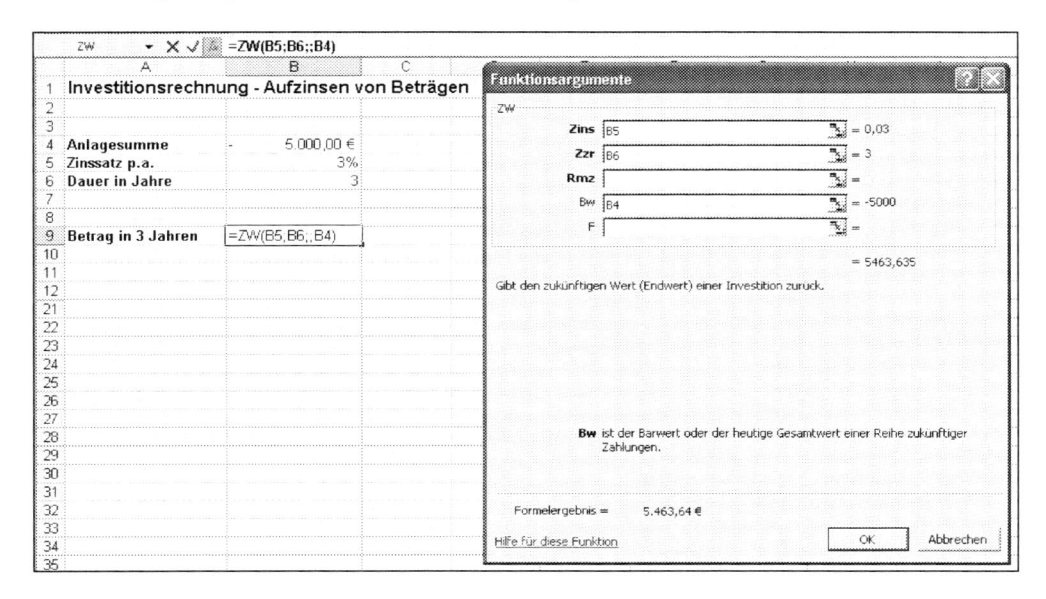

Ergebnis: Die Anlage der Summe von 5000,00 EUR erbringt uns also bei einer jährlichen nachträglichen Verzinsung von 3 % in 3 Jahren einen Zukunftswert von 5463,64 EUR.

Der Rechnung zugrunde liegt eine *nachträgliche jährliche Verzinsung*. Der Unterschied zur monatlichen nachträglichen Verzinsung wird deutlich, wenn in einem weitern Beispiel der Monat als Abrechnungsperiode genommen wird.

Also: Zinssatz pro Monat sind 3% / 12 Monate = 0,25% und 3 Jahre mal 12 Monate = 36 Monate.

Ergebnis: Durch den Zinseszinseffekt im erhalten wir einen geringfügig höheren Betrag als bei der jährlichen nachträglich Verzinsung. Nämlich EUR 5470,26.

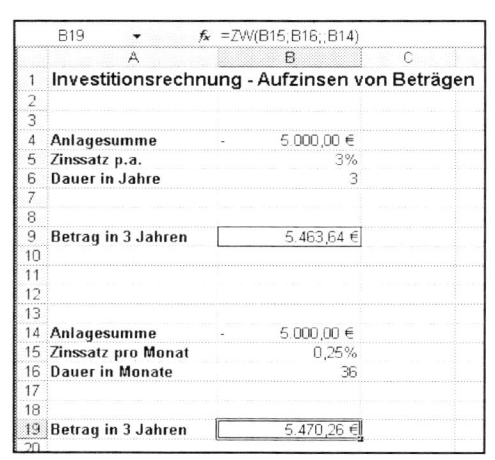

8.5.3 Abzinsen von Beträgen

Nun lässt sich eine Geldanlage auch aus der anderen Richtung betrachten, und die Frage stellen: wie viel muss ich heute anlegen, um nach n Jahren bei einem Zins von p % einen gewünschten Betrag ausgezahlt zu bekommen?

Anders als bei der Aufzinsung wird hier der Endwert vorgegeben, gesucht ist die Höhe der Einzahlung, die heute dafür notwendig ist. Diese Berechnung wird *Abzinsen* genannt und entspricht der „Rückwärtsrechnung" der oben betrachteten Aufzinsung.

Beispiel: Sie benötigen in zwei Jahren einen Betrag von 10.000 € und haben heute die Möglichkeit Kapital zu einem Zinssatz von 5% anzulegen. Wie viel müssen Sie heute Einzahlen, um den gewünschten Betrag nach zwei Jahren zur Verfügung zu haben?

Zur Berechnung nehmen wir uns noch einmal die Formeln für die Zinseszinsrechnung vor:

$$\text{Kontostand Jahr 1} = \text{Kontostand Jahr 0} * 105\%$$

$$\text{Kontostand Jahr 2} = \text{Kontostand Jahr 1} * 105\%$$

Kombinieren der obigen Formeln ergibt:

$$\text{Kontostand Jahr 2} = \text{Kontostand Jahr 0} * 105\% * 105\%$$

$$\text{Kontostand Jahr 2} = \text{Kontostand Jahr 0} * (105\%)^2$$

Auflösen nach dem Kontostand Jahr 0:

$$\text{Kontostand Jahr 0} = \frac{\text{Kontostand Jahr 2}}{(105\%)^2}$$

mit Kontostand Jahr 2 = 10.000 €

$$\text{Kontostand Jahr 0} = \frac{\text{Kontostand Jahr 2}}{(105\%)^2} = \frac{10.000,00\ €}{1,1025} = 9.070,29\ €$$

Die Einzahlung müsste also bei einem Zinssatz von 5% und einer Laufzeit von 2 Jahren 9.070,29 € betragen, um die gewünschten 10.000,00 € zu bekommen.

Auch für die Berechnung von Abzinsungen kann eine Excel-Funktion genutzt werden, diese finden Sie wiederum in der Rubrik Finanzmathematik, dort finden Sie die Funktion BARWERT (BW). Ein Beispiel zur Verwendung ist im folgenden Abschnitt angegeben.

8.5.4 Überblick über Verfahren der dynamischen Investitionsrechnung

Für jeden Wert der Zinsberechnung kann eine separate Berechnung durchgeführt werden. Im folgenden Beispiele für weitere Funktionen und typische Fragestellungen aus der Investitionsrechnung:

Verfahren	Typische Fragestellung	Formel
Aufzinsen	Welchen Zukunftswert hat ein Betrag X, den ich heute zu X % und für X % Jahre anlege. Konkrete Berechnung im >>>Beispiel 1.	ZW
Abzinsen	Welchen Betrag (Barwert) X muss ich heute zu X% und für X Jahre anlegen, damit ich einen bestimmten Zukunftswert erhalte? >>>Beispiel 2.	BW
Annuitäten-berechnung	Welchen annuitätischen Betrag (=immer konstanter Betrag der in konstanten Perioden gezahlt wird) muss ich für Tilgung und Zinsen aufwenden, wenn ich für X Monate einen Kredit über X Euro zu X% Zinsen zurückzahlen möchte? >>>Beispiel 3.	Rmz
Berechnung des Zahlungszeitraums	Wie lange läuft eine Kreditrückzahlung (Tilgung und Zinsen) wenn ich einen Kredit von X Euro zu X % Zinsen in monatlichen annuitätischen Raten von X Euro abbezahlen möchte? >>>Beispiel 4.	Zzr
Berechnung des Zinssatzes	Wie hoch ist der Zinssatz bei einem Kredit über X Euro, für den über X Monate einen annuitätischen Betrag von X Euro zurückzahle? >>>Beispiel 5.	Zins

Grundlagen der Investitionsrechnung

Im Folgenden wollen wir die Beispiele mit konkreten Werten berechnen:

Beispiel 1: Zukunftswert berechnen

Fragestellung: Ich lege heute 1000,00 € zu 3% Zinsen und für 4 Jahre an. Welchen Betrag (Zukunftswert) erhalte ich mit Zinseszinsen nach Ablauf der Anlagezeit?

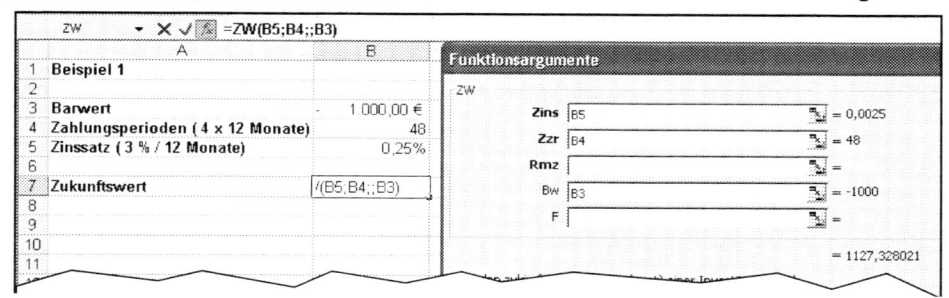

Verfahren: Berechnung mit der Funktion ZW (Zukunftswert).

Wert	Zelle	Erläuterung
Zins	B5	Da wir eine monatliche, nachträgliche Verzinsung berechnen wollen, muss der Zinssatz pro Monat berechnet werden: Zinssatz 3% / 12 Monate = 0,25%.
Zzr	B4	Die Zahlungsperioden (Laufzeit des Kredites) werden in Monate umgerechnet. Also, 4 Jahre x 12 Monate = 48 Monate Gesamtlaufzeit.
Bw	B3	Der Barwert von 1.000,00 € wird als negativer Wert eingegeben, da der Betrag angelegt wird und nicht mehr zur Verfügung steht.

Ergebnis: Wenn wir 1.000,00 € für 48 Monate bei einem Zinssatz von 3 % anlegen, erhalten wir nach dem 4 Jahr einen Gesamtbetrag mit Zinseszinsen von 1.127,33 €.

Beispiel 2: Barwert berechnen

Fragestellung: In 3 Jahren möchte ich durch eine Spareinlage zu 3 % Zinsen 1.500,00 € zusammenhaben. Welchen Betrag muss ich HEUTE anlegen?

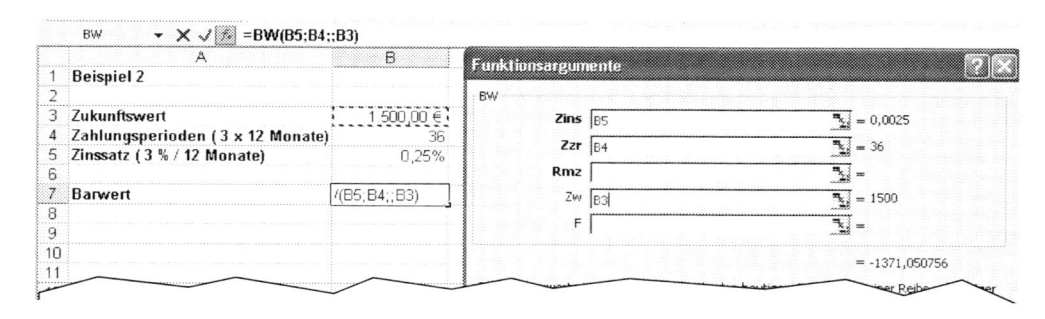

Verfahren: Berechnung mit der Funktion BW (Barwert). Als Zukunftswert werden die 1.500,00 € eingegeben, die als Ergebnis der Anlage ausgezahlt werden sollen. Da dem Anleger das Geld nach der Anlage zufließt, muss der Betrag positiv eingeben werden. Zahlungsperioden und Zinssatz werden in Monate umgerechnet.

Ergebnis: Heute muss ein Betrag von -1371,05 € angelegt werden (negativ, da das Geld nach der Anlage nicht mehr zur Verfügung steht), um bei einem Zinssatz von 3% p.a. in 36 Monate einen Zukunftswert von 1.500,00 € zu erzielen.

Beispiel 3: Berechnung von Annuitäten

Fragestellung: Ich nehme eine Kredit über 10.000,00 € zu 9% Zinsen auf, den ich in 36 gleichen Monatsraten abbezahlen möchte. Wie hoch ist die monatliche Rate?

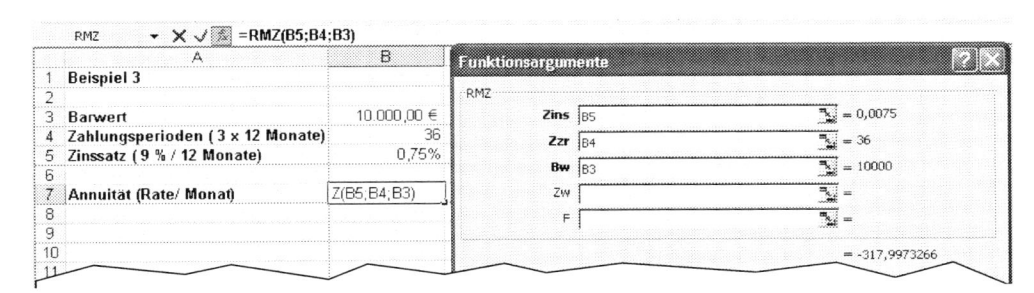

Verfahren: Berechnung mit der Funktion RMZ (Regelmäßige Zahlung)

Wert	Zelle	Erläuterung
Zins	B5	Der Zinssatz p.a. wird auf die 12 Monate berechnet. Pro Monat ergibt sich eine Verzinsung von 9% / 12 Monate = 0,75 %
Zzr	B4	Die Anlagezeit rechnen wir in Jahre um. 3 Jahre x 12 Monate = 36 Monate
Bw	B3	Der (Kredit-) Betrag der uns heute zur Verfügung steht.

Ergebnis:
Bei Aufnahme des beschriebenen Kredits müssen wir 36 Monate lang -318,00 € monatlich für Zinsen und Tilgung erbringen.

Grundlagen der Investitionsrechnung

Beispiel 4: Berechnung des Zahlungszeitraums

Ich nehme eine Kredit über 10.000,00 € zu 9% Zinsen auf. Zinsen und Tilgung für den Kredit möchte ich in monatlichen Raten zu 399,00 Euro abbezahlen. Wieviel Monate muss ich die 399,00 Euro zahlen, bis der Kredit getilgt ist?
Kapitalwertmethode

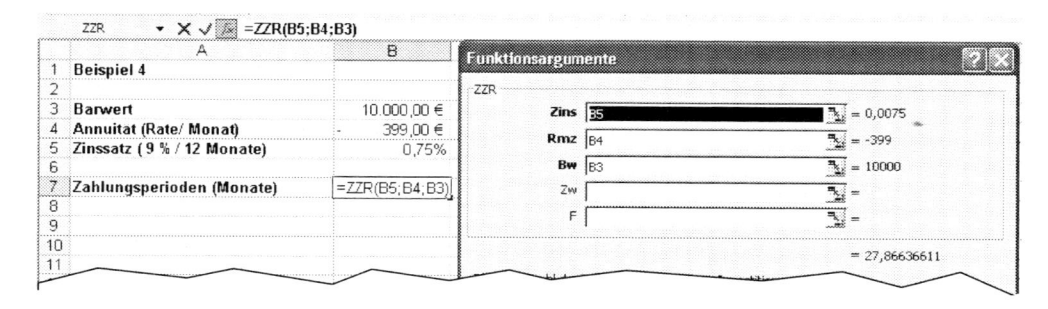

Verfahren:
Berechnung mit der Funktion ZZR (Zahlungszeitraum)

Wert	Zelle	Erläuterung
Zins	B5	Der Zinssatz p.a. wird auf die 12 Monate berechnet. Pro Monat ergibt sich eine Verzinsung von 9% / 12 Monate = 0,75 %
Rmz	B4	Die regelmäßige Zahlung von 399,00 €, die ich monatlich bezahle muss als negativer Wert (Zahlungsausgang) eingetragen werden.
Bw	B3	Der (Kredit-) Betrag der mir heute zur Verfügung steht.

Ergebnis:
Bei Aufnahme des beschriebenen Kredits zu den gegebenen Konditionen müssen die EUR 399,00 monatlich über einen Zeitraum von 27,87 Monate zurückgezahlt werden.

Beispiel 5: Berechnung des Zinssatzes

Mir wird ein Kredit über 10.000,00 € angeboten, für den ich über 24 Monate monatlich 457,00 Euro zurückzahlen soll. Wie hoch ist der Zinssatz?

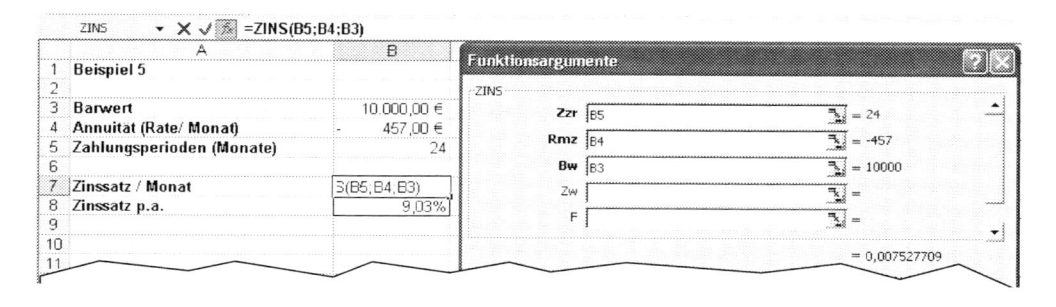

Verfahren:
Berechnung mit der Funktion Zins (Zinsen)

Wert	Zelle	Erläuterung
Zzr	B5	Die Rückzahlung der Tilgung und Zinsen soll über 24 Monate erfolgen
Rmz	B4	Die regelmäßige Zahlung von - 457,00 €, die monatlich bezahlt werden soll
Bw	B3	Der (Kredit-) Betrag der mir heute zur Verfügung steht.

Ergebnis:
Als Zinssatz pro Monat ergeben sich 0,75 %. Für die Berechnung per anno muss der Zinssatz mit 12 multipliziert werden: 0,7527% * 12 Monate ~ 9 % Zinsen p.a.

8.6 Die Kapitalwertmethode

Die Kapitalwertmethode zählt in der Investitionsrechnung zu den dynamischen Methoden. Das heißt, die Methode berücksichtigt den Faktor Zeit, indem die zu verschiedenen Zeiten anfallenden Zahlungen auf einen bestimmten Bezugszeitpunkt abgezinst werden, um sie vergleichbar zu machen.

Hintergrundgedanke ist folgender: Anstatt mein Geld in eine Investition zu stecken, könnte ich es z.B. ja auch bei der Bank anlegen, wo es mir in 10 Jahren eine ordentliche Summe an Zinsen liefert.

Bei der Kapitalwertmethode wird vom Zeitpunkt der ersten Zahlung ausgegangen, wobei vereinfachend angenommen wird, dass die Anschaffungsausgabe vollständig in Zeitpunkt t 0 (also im Jahr 0) fällig wird, d.h. es erfolgt z.B. kein Kauf auf Raten.

Als Zinssatz verwenden wir bei der Kapitalwertmethode den Kalkulationszinsfuß als internen Zins. Dieser ist wie bereits oben besprochen die Minimalverzinsung, die durch eine alternative Investition erreicht werden würde. Zu allen späteren Einnahmeüberschüssen wird durch Abzinsen mit dem Kalkulationszinsfuß der heutige Barwert ermittelt.

Der Kapitalwert besteht letztendlich aus den Anschaffungskosten zu denen die Summe aller Barwerte der einzelnen Überschüsse addiert wird. Das Entscheidungskriterium für die Kapitalwertmethode lautet: Eine Investition lohnt sich dann, wenn der Kapitalwert größer oder mindestens gleich 0 ist. Bei einem Kapitalwert von 0 wird gerade die Mindestverzinsung realisiert, bei einem Kapitalwert über 0 liegt die tatsächliche Verzinsung höher.

Grundlagen der Investitionsrechnung

Beispiel: Eine Investition ist durch die folgenden Daten gekennzeichnet:

Jahr	0	1	2
Überschuss	-10000	5000	6000

Vorgehen bei der Kapitalwertmethode:
Die Anfangsinvestition von 10000 € kann auch bei der Bank zu 4% p.a. angelegt werden. Als Kalkulationszinsfuß nehmen wir somit 4% p.a. an. Diesen Zinssatz sollte die Investition mindestens erbringen.
Der Überschuss im 1 Jahr muss auf den heutigen Zeitpunkt abgezinst werden. (Fragestellung: Wie viel muss ich heute anlegen, um in 1 Jahr bei einem Zinssatz von 4% 5000 € zu erhalten.) Wert mit der BW-Methode = - 4.830,92.

Der Überschuss im 2 Jahr muss auf den heutigen Zeitpunkt abgezinst werden. (Fragestellung: Wie viel muss ich heute anlegen, um in 2 Jahren bei einem Zinssatz von 4% 6000 € zu erhalten.) Wert mit der BW-Methode = 5547,34 €.

Kapitalwert	= Anschaffungskosten	+ Summe der Barwert
	- 10.000	+ 4830,92 + 5547,34
= 378,26		

Der Kapitalwert von 378,26 ist größer als 0 (K > 0). Das heißt, durch die Investition wird eine höhere Verzinsung erzielt als 4 %. Die Investition würde sich lohnen.

Übungsbeispiel:
Der Kleinunternehmer aus dem oberen Beispiel bekommt ein Angebot zum Kauf eines neuen Transporters für 18.000,00 €. Den Betrag könnte er durch einen Bankkredit zu einem Zinssatz von 8,5 % p.a. finanzieren. Eine neue Einnahmen/ Ausgaben-Kalkulation ergibt, dass für die nächsten 4 Jahre konstante Einnahmen zu erwarten sind und durch den Verschleiß des Transporters langsam steigende Ausgaben.
Der Unternehmer möchte nun mit der Kapitalwertmethode prüfen, ob sich die Investition unter den gegebenen Umständen lohnen würde.

Verfahren:

	A	B	C	D	E	F
1	Kapitalwertmethode					
2						
3	Zinsen p.a.	8,5%				
4						
5						
6	Einzahlungen/ Auszahlungen:					
7	Jahre	0	1	2	3	4
8	Ausgaben	18000	2000	2000	2200	2500
9						
10	Einnahmen	0	5500	5500	5500	5500
11						10000
12	Überschuss	-18000	3500	3500	3300	13000
13						
14						
15	Kapitalwert:					
16						

> Zunächst übertragen Sie die Grunddaten gemäß der Vorlage in das Tabellenblatt. Der Überschuss für die einzelnen Jahre berechnet sich aus der Differenz der Einnahmen zu den Ausgaben. Die Formel für B12 lautet **= B10-B8**.

> Diese Formel können Sie für die Folgejahre kopieren.

- Im Anschaffungsjahr 0 werden noch keine Einnahmen erzielt, deshalb wird hier als Einnahme der Wert 0 angesetzt.

- Im letzten Betriebsjahr 4 kommt auf der Einnahmenseite noch der Wiederverkaufswert hinzu. Als Überschuss muss daher in Zelle F12 *=F10+F11-F8*.

- Für die Berechnung des Kapitalwerts verwenden wir die Formel *NBW* aus der Kategorie Finanzmathematik im Funktionsassistenten.

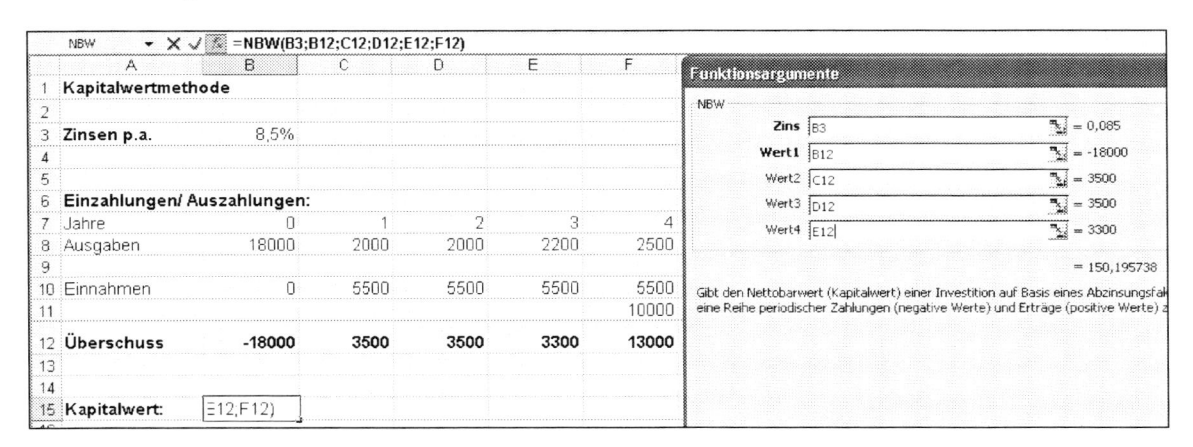

	A	B	C	D	E	F
1	Kapitalwertmethode					
2						
3	Zinsen p.a.	8,5%				
4						
5						
6	Einzahlungen/ Auszahlungen:					
7	Jahre	0	1	2	3	4
8	Ausgaben	18000	2000	2000	2200	2500
9						
10	Einnahmen	0	5500	5500	5500	5500
11							10000
12	Überschuss	-18000	3500	3500	3300	13000
13						
14						
15	Kapitalwert:	=12,F12)				

Funktionsargumente NBW:
- Zins B3 = 0,085
- Wert1 B12 = -18000
- Wert2 C12 = 3500
- Wert3 D12 = 3500
- Wert4 E12 = 3300

= 150,195738

Gibt den Nettobarwert (Kapitalwert) einer Investition auf Basis eines Abzinsungsfaktors eine Reihe periodischer Zahlungen (negative Werte) und Erträge (positive Werte) z

Wert	Zelle	Erläuterung
Zins	B3	Hier wird der Kalkulationszinsfuß von 8,5% eingetragen.
Wert 1-5	B12…F12	Diese Zellen beinhalten die Überschüsse aus den einzelnen Perioden. Wichtig ist, dass die Werte im Zeitablauf gemäß der Vorgabe eingetragen werden. Also: Wert 1 = Wert aus der Periode 1, Wert 2 = Wert aus Periode 2 usw.

Die Formel NBW Nettobarwert (Kapitalwert) zinst die einzelnen Beträge der jeweiligen Periode ab und liefert den Kapitalwert als Ergebnis.

Ergebnis im Beispiel: Kapitalwert = 150,20. Der Wert ist > 0 und somit wäre die Investition lohnend.

8.7 Übungen zur Investitionsrechnung

Für alle Übungen wird eine nachträgliche monatliche Verzinsung angenommen.

1. Ihr veralteter Dienstwagen muss in spätestens 5 Jahre durch ein neues Fahrzeug ersetzt werden. Berechnungen Ihrer Mitarbeiter zufolge, muss als Anzahlung für einen neuen Wagen der Betrag von 7.000 EUR eingeplant werden.
   Welchen Betrag müssen Sie heute bei Ihrer Hausbank anlegen, um bei einer Guthabenverzinsung von 3,5 % in 5 Jahren 7.000 EUR anzusparen?

2. Für eine Maschinenreparatur müssen Sie außerplanmäßig einen Kredit über 20.000 EUR aufnehmen auf den 8% Zinsen zu zahlen sind. Sie möchten den Kredit über 48 Monaten in jeweils gleiche Raten zurückzahlen. Welcher Betrag ist monatlich für die Rückzahlung einzuplanen?

3. Eine Bäckerei überlegt sich eine neue Brotmaschine für 18.000 EUR anzuschaffen. Berechnungen zufolge würde die Brotmaschine im Jahr 0 durch die Anschaffungskosten ein Defizit von 18.000 EUR erwirtschaften und den nächsten 4 Jahren einen Überschuss von jährlich 4.400 EUR. Im Jahr 5 würde durch den Weiterverkauf der Maschine ein Überschuss von gesamt 7.000 EUR (Verkauf und Gewinn) realisiert werden.

   Der Kauf der Maschine müsste über einen Kredit zu 8,7 % Zinsen p.a. erfolgen. Lohnt sich die Investition bei Anwendung der Kapitalwertmethode? Nehmen Sie die erforderlichen Berechnungen vor.

9 Aufgabenlösungen

9.1 Lösungen Kapitel 3

Aufgabe 1: Mustervorlage Staffelmiete

Erstellen Sie in einer neuen Datei die Mustervorlage für die Miet-Offerte.
Tragen Sie die Absenderdaten der Mustermann Hausverwaltung OHG, sowie die in Geschäftsbriefen einer OHG geforderten Firmendaten in das Tabellenblatt ein.
Bereiten Sie die Tabelle für die Berechnung der Staffelmietpreise vor und formatieren diese nach Ihren Vorstellungen.

Ein Beispiel, wie die Mustervorlage für die Staffelmiete aussehen kann, sehen Sie in der folgenden Abbildung:

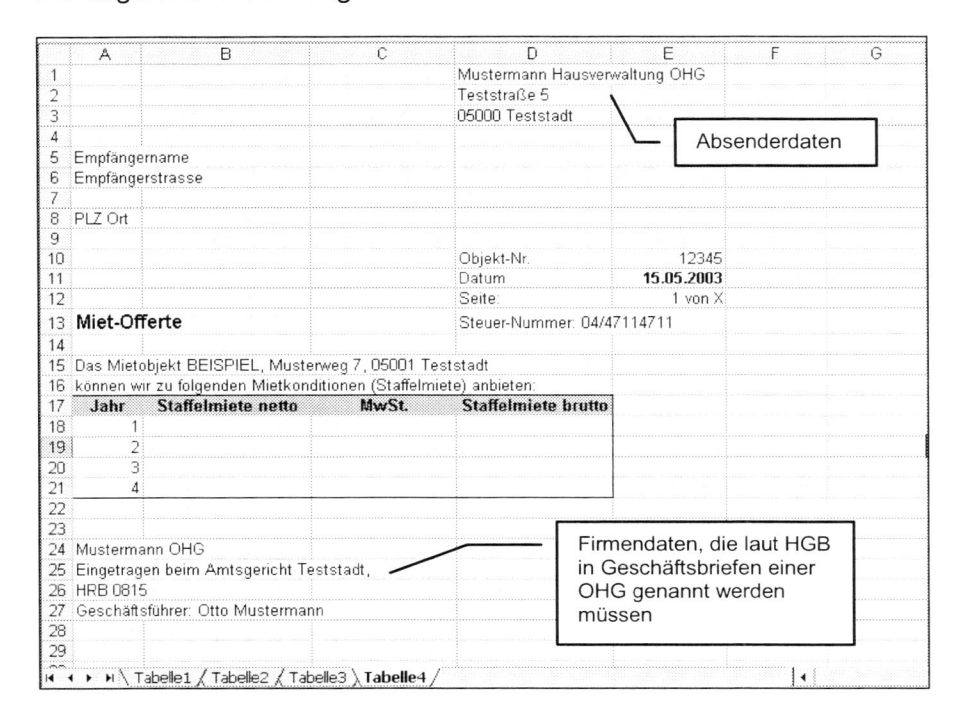

Die Formatierungen der Tabelle und das gesamte Layout der Vorlage können selbstverständlich frei gewählt und Ihren Vorstellungen angepasst werden.

Aufgabenlösungen

Nun müssen die Formeln in die Tabelle eingetragen werden. Die Zelle B18 enthält im Beispiel die Netto-Miete des ersten Jahres und dient als Grundlage für alle weiteren Berechnungen.

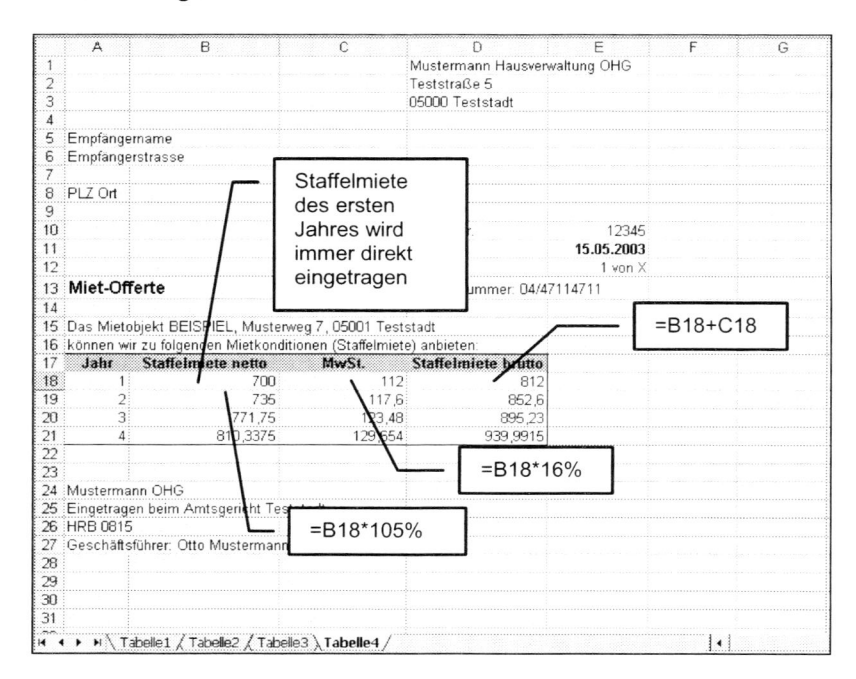

	A	B	C	D	E	F	G
1				Mustermann Hausverwaltung OHG			
2				Teststraße 5			
3				05000 Teststadt			
4							
5	Empfängername						
6	Empfängerstrasse						
7							
8	PLZ Ort						
9							
10					12345		
11					15.05.2003		
12					1 von X		
13	Miet-Offerte			Nummer: 04/47114711			
14							
15	Das Mietobjekt BEISPIEL, Musterweg 7, 05001 Teststadt						
16	können wir zu folgenden Mietkonditionen (Staffelmiete) anbieten:						
17	Jahr	Staffelmiete netto	MwSt.	Staffelmiete brutto			
18	1	700	112	812			
19	2	735	117,6	852,6			
20	3	771,75	123,48	895,23			
21	4	810,3375	129,654	939,9915			

- Staffelmiete des ersten Jahres wird immer direkt eingetragen
- =B18+C18
- =B18*16%
- =B18*105%

Für die Berechnung des jeweiligen Mehrwertsteuerbetrages wird die Netto-Miete mit 16% multipliziert (für C18 **=B18*16%**).

Die Brutto-Miete ergibt sich durch Addition von Netto-Miete plus Mehrwertsteuerbetrag (D18 **=B18+C18**).

Für die Mieten ab dem zweiten Jahr wird der Miete des jeweiligen Vorjahres 5% aufgeschlagen, d.h. die Miete beträgt je 105% des Vorjahres.
Für das Jahr 2 lautet die Formel in B19 **=B18*105%**.

Abschließend sollten die Zahlen noch in einem angepassten Format dargestellt werden.

> ➤ Markieren Sie die Zahlen in der Tabelle.

> ➤ Wählen Sie im Menü FORMAT der Befehl Zelle.

> ➤ Auf der Registerkarte ZAHLEN suchen Sie ein geeignetes Format aus und bestätigen Ihre Vorgaben mit OK.

Aufgabenlösungen

Die fertige Mustervorlage kann wie folgt aussehen:

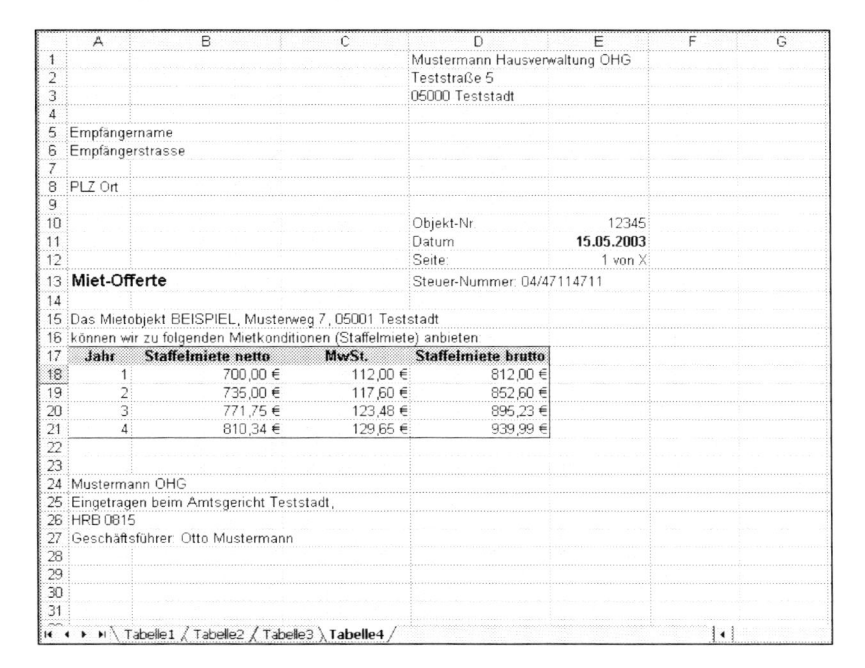

	A	B	C	D	E	F	G
1				Mustermann Hausverwaltung OHG			
2				Teststraße 5			
3				05000 Teststadt			
4							
5	Empfängername						
6	Empfängerstrasse						
7							
8	PLZ Ort						
9							
10				Objekt-Nr.	12345		
11				Datum	**15.05.2003**		
12				Seite:	1 von X		
13	**Miet-Offerte**			Steuer-Nummer: 04/47114711			
14							
15	Das Mietobjekt BEISPIEL, Musterweg 7, 05001 Teststadt						
16	können wir zu folgenden Mietkonditionen (Staffelmiete) anbieten:						
17	**Jahr**	**Staffelmiete netto**		**MwSt.**	**Staffelmiete brutto**		
18	1	700,00 €		112,00 €	812,00 €		
19	2	735,00 €		117,60 €	852,60 €		
20	3	771,75 €		123,48 €	895,23 €		
21	4	810,34 €		129,65 €	939,99 €		
22							
23							
24	Mustermann OHG						
25	Eingetragen beim Amtsgericht Teststadt,						
26	HRB 0815						
27	Geschäftsführer: Otto Mustermann						

Nun könnte die Mustervorlage zum Beispiel auf einen Server gespeichert werden, damit alle anderen Mitarbeiter Zugriff auf das Kalkulationsblatt haben.

Zur Vervollständigung der Vorlage wäre es ferner ratsam die Tabellenblätter entsprechend zu benennen.

Aufgabenlösungen

Aufgabe 2: Schutz der Mustervorlage

Zum Schutz der Tabellenblätter gegen Löschen in der Mustervorlage gehen Sie wie folgt vor:

> Im Menü EXTRAS – SCHUTZ den Befehl ARBEITSMAPPE SCHÜTZEN auswählen.

> Geben Sie im folgenden Dialogfeld ein Kennwort zum Schützen der Mappe ein und bestätigen Sie mit OK.

> Bestätigen Sie das Kennwort durch nochmalige Eingabe.

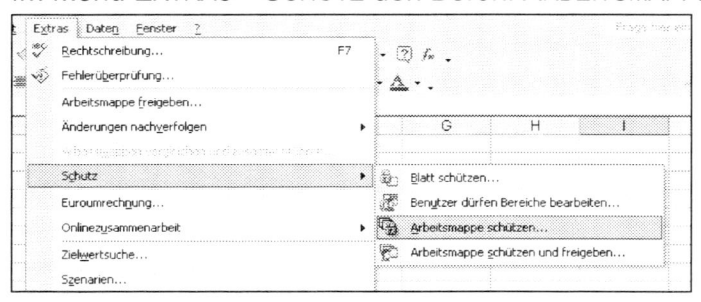

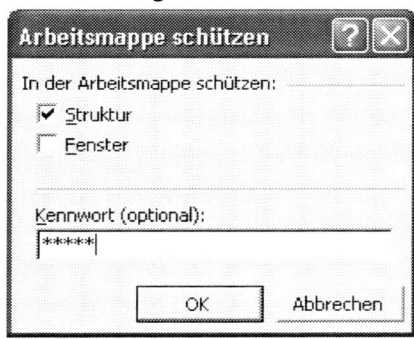

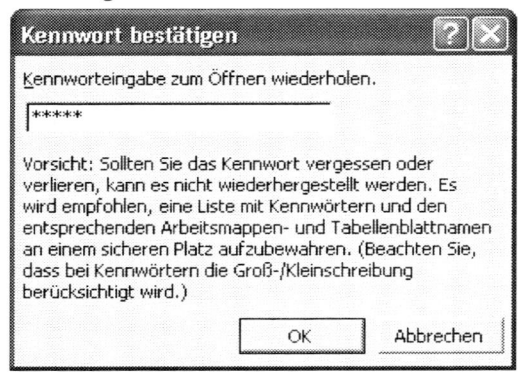

Aufgabe 3: Verknüpfung der Mustervorlage in die Schnellstartleiste legen.

Im Explorer (oder Arbeitsplatz) navigieren Sie zu dem Ordner, in dem die Vorlage gespeichert ist.

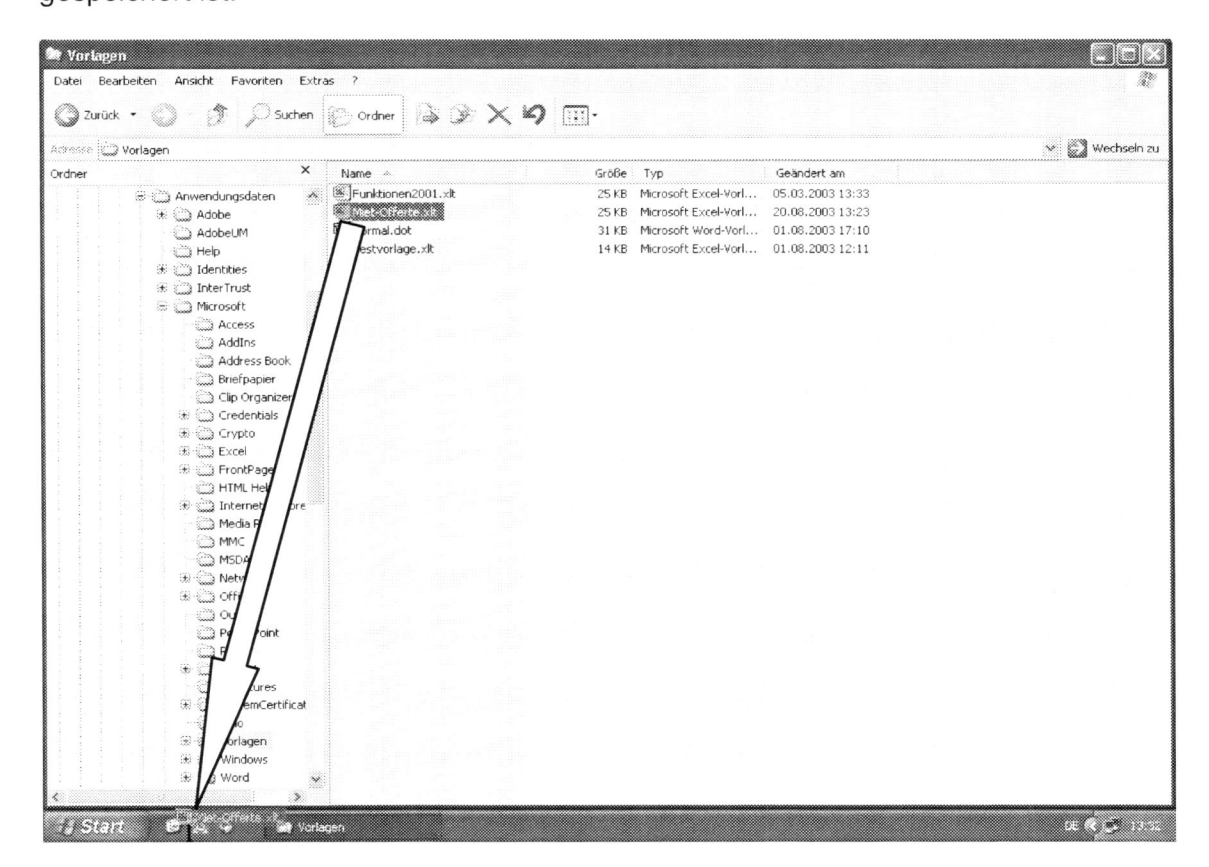

> ➤ Ziehen Sie die Datei mit Ihrer Mustervorlage im Explorer (oder Arbeitsplatz) wie oben gezeigt bei gedrückter linker Maustaste in den Bereich der Schnellstartleiste. Sobald Sie die Maustaste loslassen, fügt Windows eine Verknüpfung in die Schnellstartleiste ein.

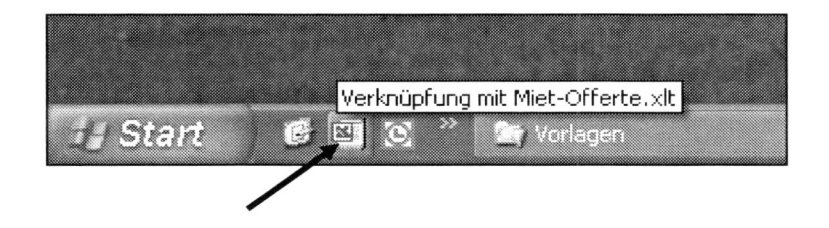

Aufgabenlösungen

Aufgabe 4: Ablegen einer Verknüpfung auf dem Desktop

Aus dem Explorer (oder dem Arbeitplatz) heraus erstellen Sie eine Verknüpfung auf dem Desktop am einfachsten, indem Sie die betreffende Datei mit der rechten Maustaste anklicken und im Kontextmenü auf den Eintrag SENDEN AN zeigen, wählen Sie aus dem Untermenü den Befehl DESKTOP (Verknüpfung erstellen).

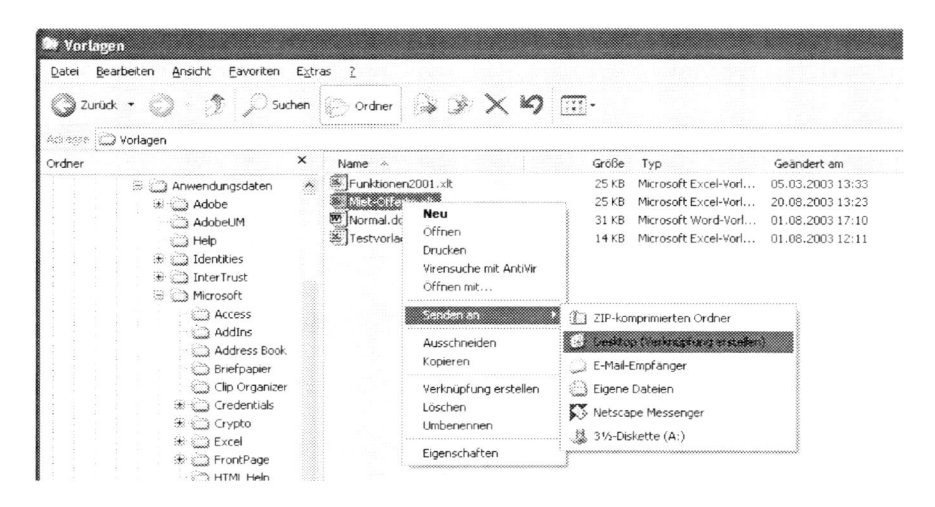

9.2 Lösungen Kapitel 4

Aufgabe 1: Anlegen einer OP-Liste (Liste mit offenen Positionen)

Bei dieser Aufgabe ist nur die Vorgabe in ein neues Tabellenblatt zu übertragen. Als Ergebnis erhalten wir Idealerweise eine Liste, die wie folgt aussieht:

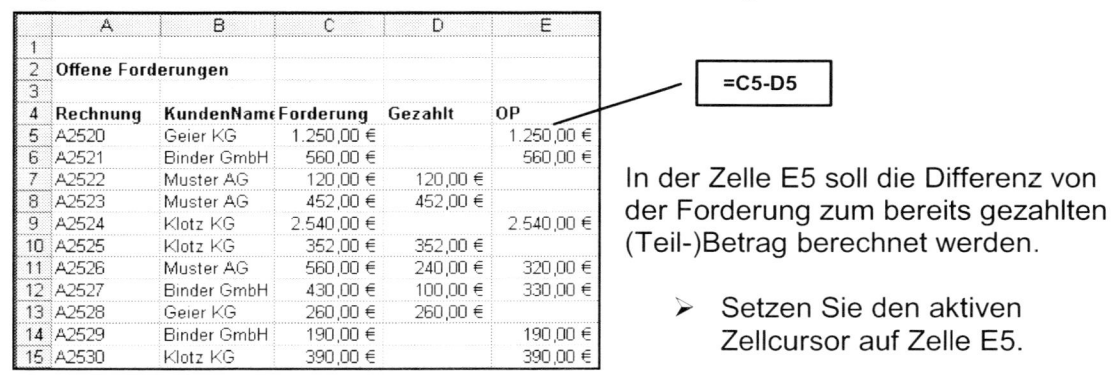

	A	B	C	D	E
1					
2	Offene Forderungen				
3					
4	Rechnung	KundenName	Forderung	Gezahlt	OP
5	A2520	Geier KG	1.250,00 €		1.250,00 €
6	A2521	Binder GmbH	560,00 €		560,00 €
7	A2522	Muster AG	120,00 €	120,00 €	
8	A2523	Muster AG	452,00 €	452,00 €	
9	A2524	Klotz KG	2.540,00 €		2.540,00 €
10	A2525	Klotz KG	352,00 €	352,00 €	
11	A2526	Muster AG	560,00 €	240,00 €	320,00 €
12	A2527	Binder GmbH	430,00 €	100,00 €	330,00 €
13	A2528	Geier KG	260,00 €	260,00 €	
14	A2529	Binder GmbH	190,00 €		190,00 €
15	A2530	Klotz KG	390,00 €		390,00 €

=C5-D5

In der Zelle E5 soll die Differenz von der Forderung zum bereits gezahlten (Teil-)Betrag berechnet werden.

> Setzen Sie den aktiven Zellcursor auf Zelle E5.

> Tragen Sie die Formel =C5-D5 ein.

> Dank der relationalen Bezüge, kann die Formel zur Berechnung der Folgewerte einfach nach unten kopiert werden.

Aufgabenlösungen

Aufgabe 2: Bereiche im Tabellenblatt fixieren

Zur Fixierung der Spaltenüberschriften im Tabellenblatt ist zunächst zu beachten, dass der Menü-Befehl FENSTER FIXIEREN automatisch die Zeilen **über- und** die Spalten **links** neben dem aktiven Zellcursor fixiert.

> ➢ Um nur die Zeilen mit der Überschrift zu fixieren, setzen Sie den Zellcursor in die Zelle A5.

> ➢ Klicken Sie im Menü auf den Befehl FENSTER – FENSTER FIXIEREN. Automatisch wird der Bereich über dem aktiven Zellcursor fixiert und der Anwender kann nun in der Tabelle blättern, ohne dass die Spaltenüberschriften aus dem sichtbaren Fensterbereich verschwinden.

> ➢ Um die Fixierung aufzuheben klicken Sie auf den Befehl FENSTER – FIXIERUNG AUFHEBEN.

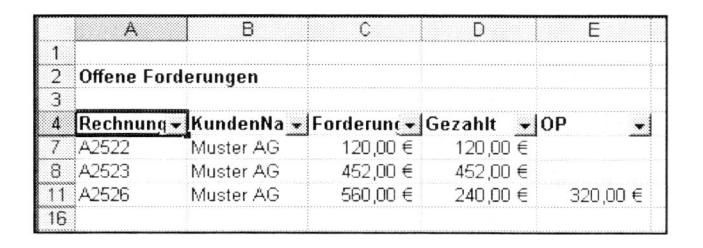

Aufgabe 3: Auswertung der OP-Liste per Autofilter

Der Autofilter ermöglicht eine Auswertung der Liste per Dropdown-Menü, um festzustellen, welche Rechnungen an die Muster KG geschickt wurden.

> ➢ Setzen Sie den Zellcursor auf eine Zelle, die eine Spaltenüberschrift enthält.

> ➢ Wählen Sie im Menü Daten – Filter – Autofilter. Neben den Spaltenüberschriften erscheinen Schalter für Dropdown-Menüs.

> ➢ Klicken Sie auf den Schalter neben der Überschrift *KundenName* und wählen Sie im Dropdown-Menü die Firma „Muster KG" als Filterkriterium. Es werden nur die Rechnungen an die ausgewählte Firma angezeigt. Dabei werden die Zeilenköpfe der betreffenden Zeilen blau dargestellt.

	A	B	C	D	E
1					
2	Offene Forderungen				
3					
4	Rechnung	KundenNa	Forderung	Gezahlt	OP
7	A2522	Muster AG	120,00 €	120,00 €	
8	A2523	Muster AG	452,00 €	452,00 €	
11	A2526	Muster AG	560,00 €	240,00 €	320,00 €
16					

Aufgabenlösungen

Aufgabe 4: Auswertung der OP-Liste mit Teilergebnissen

Auswertungen die Summierungen oder Berechnungen von Listen beinhalten, können mit der Funktion Teilergebnisse umgesetzt werden. Um festzustellen, welche Gesamtforderungen an die einzelnen Kunden berechnet wurden, müssen die Einträge zunächst auch nach dem Kundennamen sortiert werden:

> Setzen Sie den Zellcursor in eine Zelle der Spalte *KundenName*, nach welcher sortiert werden soll. In unserem Beispiel wählen Sie einfach die Zelle B5.

> Klicken Sie auf den Schalter *Aufsteigend sortieren* und die Liste wird anhand der Kundennamen von A nach Z durchsortiert.

> Belassen Sie den Zellcursor innerhalb der Liste und wählen Sie im Menü DATEN – TEILERGEBNISSE.

> Die Einstellungen für die Teilergebnisse ergeben sich aus der Aufgabenstellung. Da wir die Summe der Forderungen feststellen wollen, müssen wir die Liste nach Kunden gruppieren und hierzu die Summe berechnen lassen. Die Forderungen sind entsprechen zu addieren.

> Wenn Sie das Dialogfeld mit dem Schalter OK verlassen wird die Liste nach Ihren Vorgaben gegliedert und ausgewertet.

Resultat der Teilergebnisauswertung:

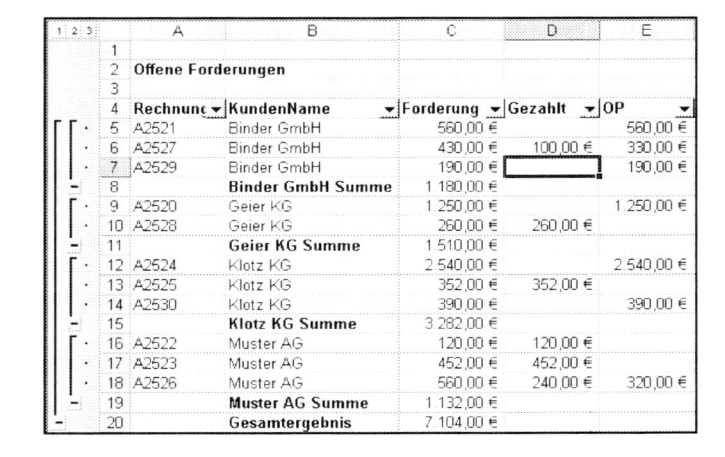

	A	B	C	D	E
1					
2	Offene Forderungen				
3					
4	Rechnung	KundenName	Forderung	Gezahlt	OP
5	A2521	Binder GmbH	560,00 €		560,00 €
6	A2527	Binder GmbH	430,00 €	100,00 €	330,00 €
7	A2529	Binder GmbH	190,00 €		190,00 €
8		**Binder GmbH Summe**	1 180,00 €		
9	A2520	Geier KG	1 250,00 €		1 250,00 €
10	A2528	Geier KG	260,00 €	260,00 €	
11		**Geier KG Summe**	1 510,00 €		
12	A2524	Klotz KG	2 540,00 €		2 540,00 €
13	A2525	Klotz KG	352,00 €	352,00 €	
14	A2530	Klotz KG	390,00 €		390,00 €
15		**Klotz KG Summe**	3 282,00 €		
16	A2522	Muster AG	120,00 €	120,00 €	
17	A2523	Muster AG	452,00 €	452,00 €	
18	A2526	Muster AG	560,00 €	240,00 €	320,00 €
19		**Muster AG Summe**	1 132,00 €		
20		**Gesamtergebnis**	7 104,00 €		

9.3 Lösungen Kapitel 5

Aufgabe 1: Entwurf einer Statistik

Für den Entwurf der Statistik bietet es sich an die Vorgaben und Berechnungen zunächst in einem Tabellenblatt zu entwickeln und diese dann ohne Werte in die weiteren Tabellenblätter zu kopieren. Der Januar könnte vom Aufbau wie folgt aussehen. Als Berechnungsbeispiele wählen wir die Zellen der Spalte C. Die korrekte Darstellung der Zahlenwerte erfolgt nach der Formatierung:

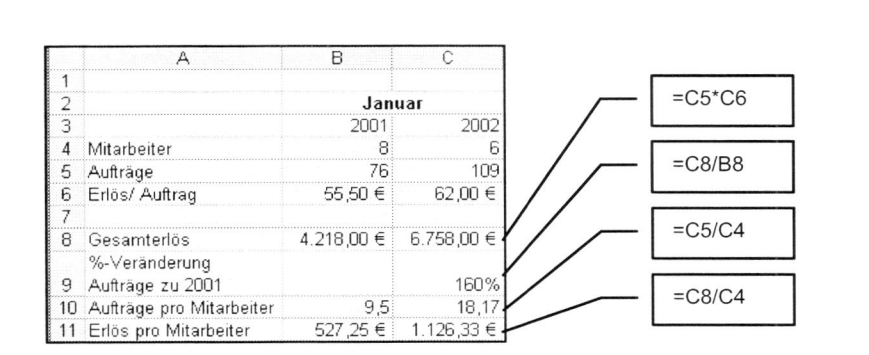

	A	B	C
1			
2		Januar	
3		2001	2002
4	Mitarbeiter	8	6
5	Aufträge	76	109
6	Erlös/ Auftrag	55,50 €	62,00 €
7			
8	Gesamterlös	4.218,00 €	6.758,00 €
	%-Veränderung		
9	Aufträge zu 2001		160%
10	Aufträge pro Mitarbeiter	9,5	18,17
11	Erlös pro Mitarbeiter	527,25 €	1.126,33 €

Zuordnungen:
- =C5*C6
- =C8/B8
- =C5/C4
- =C8/C4

Benennen Sie das Tabellenblatt in *Januar*. Die Tabelle wird in der vorliegenden Form nun auf 3 weitere Tabellenblätter (Februar, März, 1.Quartal) kopiert und die Tabellenblätter werden entsprechend benannt. Vergessen Sie nicht die Überschriften und die jeweiligen Werte laut Vorgabe zu ändern.

Zum Berechnen der Summen für alle Aufträge im 1. Quartal 2001 und 2002 werden die Tabellenblätter per Formel verknüpft:

> Zur Berechnung der Summe aller Aufträge für das 1 Quartal 2001 setzen Sie den Zellcursor in die Zelle, in der das Ergebnis erscheinen soll. Also Zelle B5.

> Geben Sie das =-Zeichen für die Formelbildung ein.

> Klicken Sie auf das Register März und hier auf die Zelle B5. Geben Sie das +- Zeichen ein – dann auf die Zelle B4 im Register Februar. Wieder folgt ein +- Zeichen. Klicken Sie zum Schluss auf Zelle B4 im Register März.

> Beenden die Eingabe mit der ENTER-Taste.

> Die Formel kann nun in die weiteren Auftrags-Felder kopiert werden. Sie haben erfolgreich eine Tabellen-Verknüpfung produziert!

Aufgabenlösungen

Aufgabe 2: Darstellung im Diagramm

Um eine zeitliche Entwicklung im Diagramm darzustellen, wählen wir das Liniendiagramm aus. Bevor wir mit dem eigentlichen Diagramm beginnen können, müssen wir jedoch zunächst die Werte zusammenstellen.

> Da das Diagramm laut Aufgabe noch um weitere Monate ergänzt werden soll, bietet es sich an, ein separates Tabellenblatt innerhalb der Arbeitsmappe anzulegen.

> Übertragen Sie die Werte in eine kleine Tabelle:

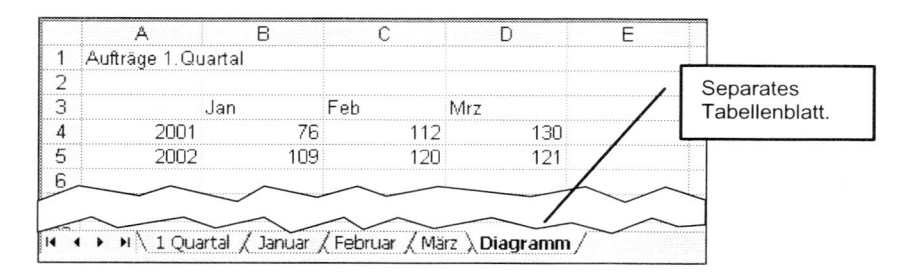

	A	B	C	D
1	Aufträge 1.Quartal			
2				
3		Jan	Feb	Mrz
4	2001	76	112	130
5	2002	109	120	121
6				

Separates Tabellenblatt.

Tabs: 1 Quartal / Januar / Februar / März / **Diagramm**

> Markieren Sie dann den Tabellenbereich A3:D5 und klicken Sie den Diagrammassistenten an.

> Wählen Sie ein *Liniendiagramm mit Datenpunkten* aus. Folgen Sie dem Diagramm-Assistenten und geben Sie im *Schritt 3 von 4* den Titel „Aufträge 1.Quartal" ein.

> Fügen Sie das Diagramm als Objekt ein und Klicken Sie auf den Schalter *Fertig stellen*.

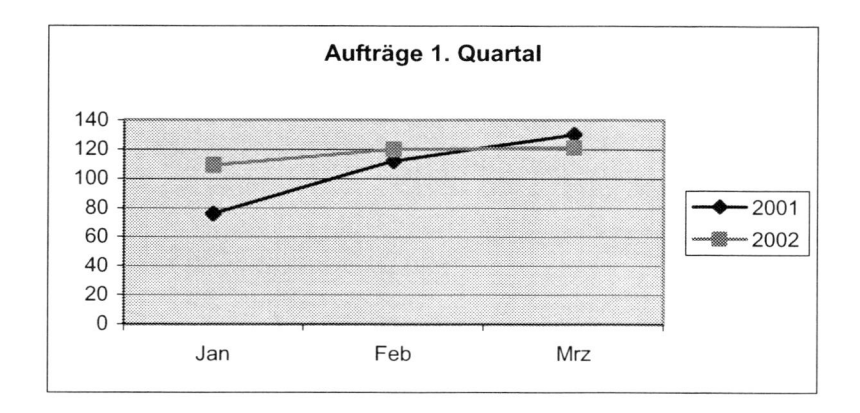

9.4 Lösungen Kapitel 6

Aufgabe 1A: Berechnung des Deckungsbeitrages

Für die Berechnung des Deckungsbeitrages verwenden wir die Formel Deckungsbeitrag (DB) = Erlöse – variable Kosten. Somit ist der Deckungsbeitrag jene Summe, die zur Begleichung der fixen Kosten zur Verfügung steht.
Der Deckungsbeitrag pro Auftrag errechnet sich aus den Aufträgen und dem gesamten Deckungsbeitrag:

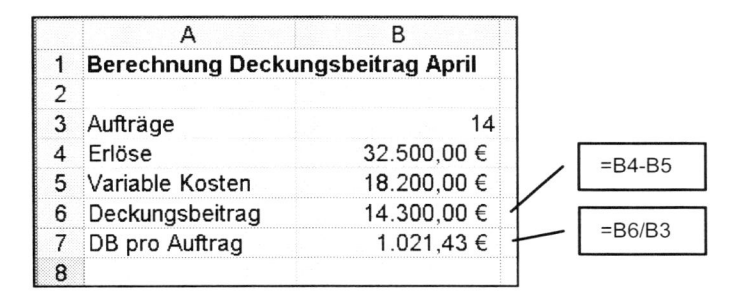

	A	B
1	Berechnung Deckungsbeitrag April	
2		
3	Aufträge	14
4	Erlöse	32.500,00 €
5	Variable Kosten	18.200,00 €
6	Deckungsbeitrag	14.300,00 €
7	DB pro Auftrag	1.021,43 €
8		

B6: =B4-B5
B7: =B6/B3

Aufgabe 1B: Preiskalkulation auf Vollkostenbasis

Die Berechnung der Preise für den laufenden Monat erfolgt laut Aufgabe anhand der Kosten-Daten des Monats April und den aktuellen Daten aus dem Auftragsbuch. Zunächst müssen wir also die voraussichtlichen Kosten für die zu erwartenden 20 Aufträge ermitteln.
Die variablen Kosten für 14 Aufträge im Monat April betragen 18200 EUR. Also pro Auftrag 1300,00 EUR (18.200 EUR/ 14 Aufträge). Multiplizieren wir den Wert mit 20 Aufträge haben wir die gesamten variablen Kosten errechnet. Da die fixen Kosten unverändert bleiben, sind nur die gesamten Kosten zu errechnen. Diese werden um die Gewinnmarge erhöht. Der Preis pro Auftrag berechnet sich schließlich aus dem Gesamtpreis.

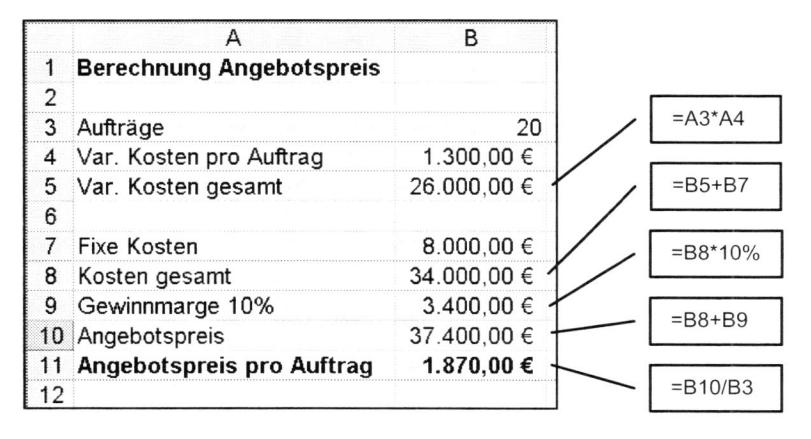

	A	B
1	Berechnung Angebotspreis	
2		
3	Aufträge	20
4	Var. Kosten pro Auftrag	1.300,00 €
5	Var. Kosten gesamt	26.000,00 €
6		
7	Fixe Kosten	8.000,00 €
8	Kosten gesamt	34.000,00 €
9	Gewinnmarge 10%	3.400,00 €
10	Angebotspreis	37.400,00 €
11	**Angebotspreis pro Auftrag**	**1.870,00 €**
12		

B5: =A3*A4
B8: =B5+B7
B9: =B8*10%
B10: =B8+B9
B11: =B10/B3

Aufgabe 2: Der Kostendeckungspunkt

Der Kostendeckungspunkt (break-even-point) wird am einfachsten mit der hinterlegten Formel berechnet: $KDP = F / p - Kv$ (fixe Kosten/ Erlös – variable Kosten) Zu beachten ist die korrekte Klammersetzung innerhalb der Excel-Formel da hier die Rechenregel Punkt- vor Strichrechnung greift:

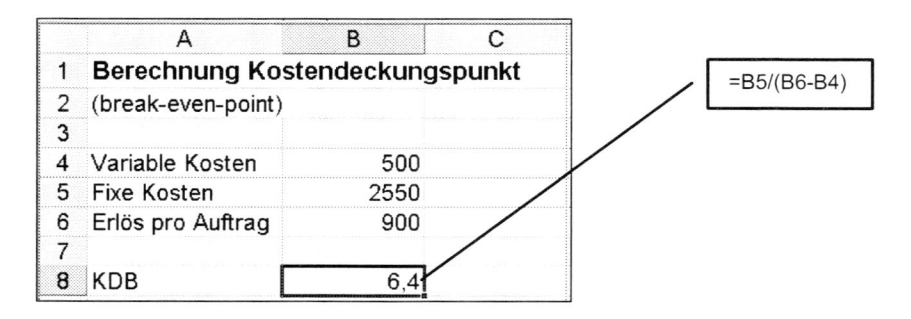

	A	B	C
1	**Berechnung Kostendeckungspunkt**		
2	(break-even-point)		
3			
4	Variable Kosten	500	
5	Fixe Kosten	2550	
6	Erlös pro Auftrag	900	
7			
8	KDB	6,4	

`=B5/(B6-B4)`

Bei 6,4 Aufträgen ist der Kostendeckungspunkt erreicht.

9.5 Lösungen Kapitel 7

Aufgabe 1: Finanzierungsregeln und Kennzahlen

Der Verschuldungsgrad und der Deckungsgrad 1 werden mit den hinterlegten Formeln berechnet. Auf die Multiplikation mit dem Faktor 100 kann verzichtet werden, wenn wir die %-Formatierung auf die Ergebnisse anwenden.

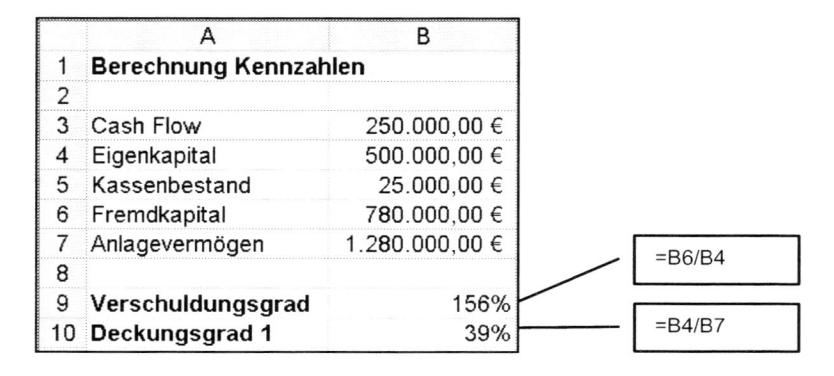

	A	B
1	**Berechnung Kennzahlen**	
2		
3	Cash Flow	250.000,00 €
4	Eigenkapital	500.000,00 €
5	Kassenbestand	25.000,00 €
6	Fremdkapital	780.000,00 €
7	Anlagevermögen	1.280.000,00 €
8		
9	**Verschuldungsgrad**	156%
10	**Deckungsgrad 1**	39%

`=B6/B4`
`=B4/B7`

Aufgabe 2: Der Lieferantenkredit

Auch für den Lieferantenkredit verwenden wir die hinterlegte Formel und entwickeln daraus eine Excel-Formel. Bei der vorliegenden komplexen Formel ist besonders auf die Setzung der Klammern zu achten.

$$\frac{\text{Skontobetrag} * 360}{(\text{Rechnungsbetrag} - \text{Skontobetrag}) * (\text{Zahlungsziel} - \text{Skontofrist})} * 100$$

Bei der Verwendung der %-Formatierung kann wie in Aufgabe 1 auf die Multiplikation mit 100 verzichtet werden.

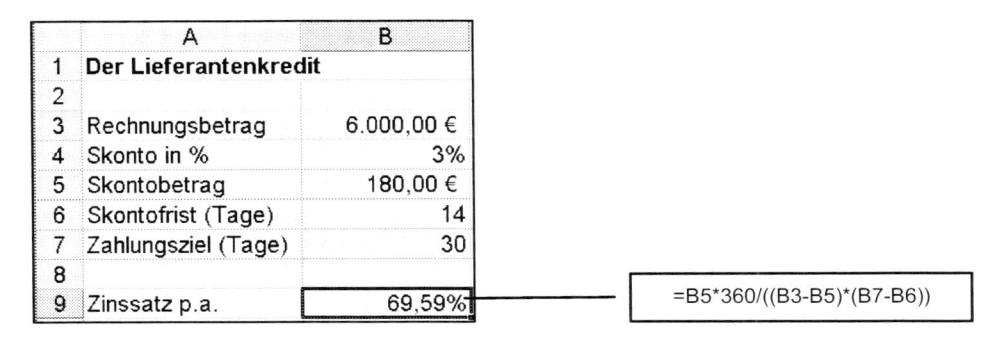

	A	B
1	Der Lieferantenkredit	
2		
3	Rechnungsbetrag	6.000,00 €
4	Skonto in %	3%
5	Skontobetrag	180,00 €
6	Skontofrist (Tage)	14
7	Zahlungsziel (Tage)	30
8		
9	Zinssatz p.a.	69,59%

=B5*360/((B3-B5)*(B7-B6))

Mit einem Zinssatz von 69,59% p.a. ist dieser Lieferantenkredit recht teuer.

Aufgabe 3: Die Eigenkapitalquote

Als Kennzahl zur Beurteilung einer Unternehmung bei der Vergabe von Krediten findet oft die Eigenkapitalquote Verwendung. Sie gibt an, in welchem Verhältnis die eigenen Finanzmittel zu eingebrachten Fremdkapital stehen. Die Berechnung erfolgt mit den Faktoren Eigenkapital und Bilanzsumme. Die Zelle wird als %-Wert formatiert:

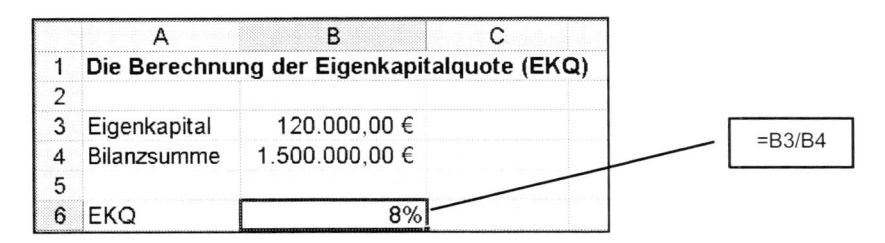

	A	B	C
1	Die Berechnung der Eigenkapitalquote (EKQ)		
2			
3	Eigenkapital	120.000,00 €	
4	Bilanzsumme	1.500.000,00 €	
5			
6	EKQ	8%	

=B3/B4

Bei einer Eigenkapitalquote von 8% ist eine gesunde Portion Skepsis angebracht. Zu klären wäre zum Beispiel, welche weiteren Kapitalgeber Fremdkapital eingebracht haben.

9.6 Lösungen Kapitel 8

Aufgabe 1: Berechnung des Barwertes

Um festzustellen, welchen Betrag wir heute zu festen Konditionen anlegen müssen, um in der Zukunft unter Berücksichtigung anfallender Zinsen eine bestimmte Summe zu erhalten, verwenden wir die Barwert-Formel.

Da wir eine monatliche Verzinsung annehmen, müssen wir zunächst die Werte umrechnen:

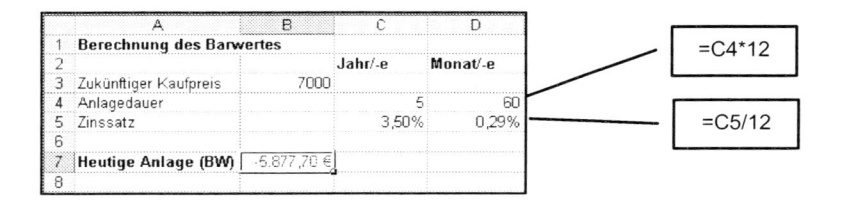

	A	B	C	D
1	Berechnung des Barwertes			
2			Jahr/-e	Monat/-e
3	Zukünftiger Kaufpreis	7000		
4	Anlagedauer		5	60
5	Zinssatz		3,50%	0,29%
6				
7	Heutige Anlage (BW)	-5.877,70 €		

=C4*12
=C5/12

> Setzen Sie dann den Zellcursor auf die Ergebnis-Zelle B7.

> Klicken Sie dann auf den Funktions-Schalter in der Bearbeitungsleiste und wählen Sie in der Kategorie Finanzmathematik die Funktion *BW* aus.

> Platzieren Sie den Cursor in das Feld Zins (Zins) und klicken Sie auf Zelle D5. Für den Zahlungszeitraum (Zzr) klicken Sie auf Zelle D4 und für den Zukunftswert (Zw) auf Zelle B3. Beenden Sie den Dialog mit OK.

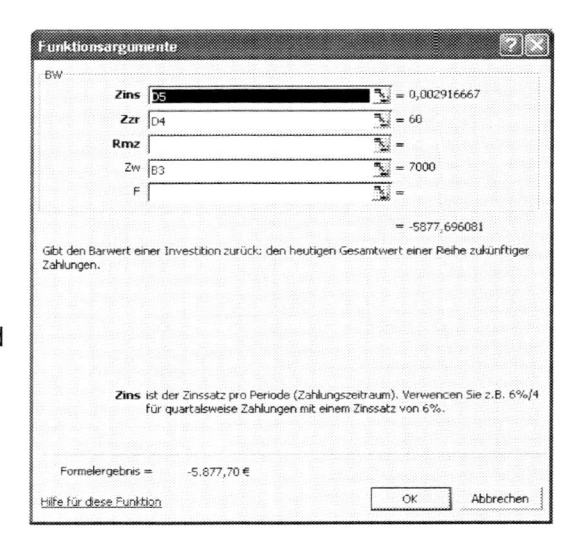

Es müssen heute also EUR 5.877,70 angelegt werden, um bei 3,5% Zinsen p.a. in 5 Jahren EUR 7.000,00 zu erhalten.

Aufgabe 2: Berechnung von gleichen Raten (Annuitäten)

Zur Berechnung von gleichen Raten wird die Formel RMZ verwendet. Zunächst müssen die Werte wieder auf Monate berechnet werden. Da wir bereits den Wert 48 Monate vorgegeben haben übertragen wir diesen.

Beim Zinssatz machen wir uns die Berechnung einfach und geben die Zahlen ohne Zellbezug als konstante Werte ein. Sinnvoll wäre aber natürlich eine Formel mit Zellbezügen, damit wir später zwischen alternativen Werten variieren können.

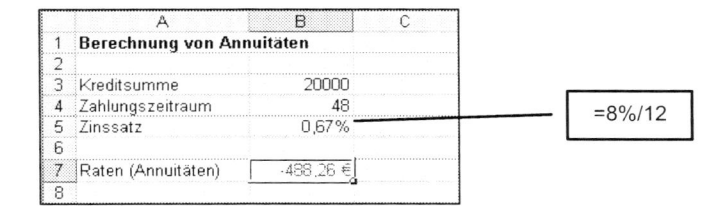

	A	B	C
1	Berechnung von Annuitäten		
2			
3	Kreditsumme	20000	
4	Zahlungszeitraum	48	
5	Zinssatz	0,67%	
6			
7	Raten (Annuitäten)	-488,26 €	
8			

=8%/12

> Platzieren Sie dann den Zellcursor auf die Ergebnis-Zelle B7 und klicken Sie den Funktions-Assistenten in der Bearbeitungsleiste an.

> Wählen Sie aus der Kategorie *Finanzmathematik* die Funktion RMZ aus und klicken Sie die Zellen für die Berechnung gemäß Vorgabe an.

> Beenden Sie den Dialog mit OK.

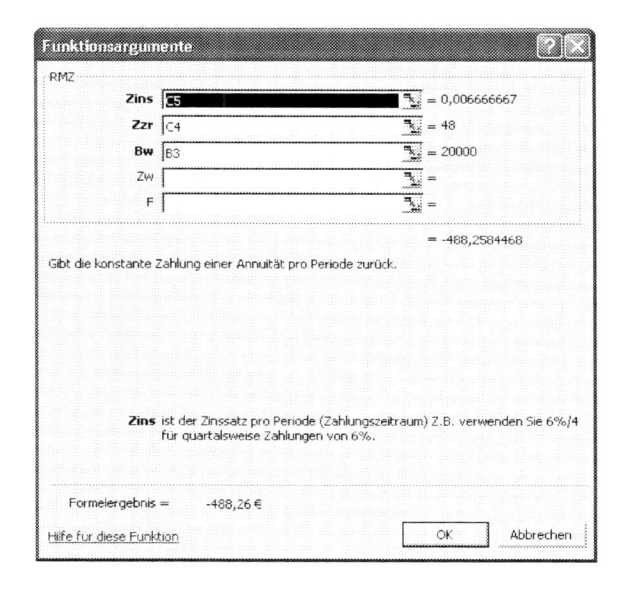

Gemäß der Berechnung muss der Kreditnehmer über 48 Monate 488,26 EUR für Zinsen und Tilgung bezahlen.

Aufgabenlösungen

Aufgabe 3: Beurteilung einer Investition mit der Kapitalwertmethode

Zur Einschätzung ob eine Investition sinnvoll ist oder nicht verwenden wir die Kapitalwertmethode und übertragen zunächst die Werte aus dem Beispiel in ein Excel-Tabellenblatt.

Beachten Sie, dass die Anschaffung der Maschine im Jahr 0 zu einem negativen Überschuss in Höhe der Anschaffungskosten führt.

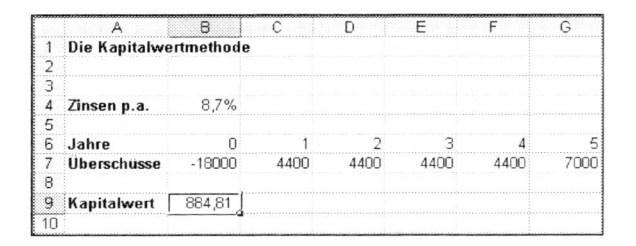

	A	B	C	D	E	F	G
1	Die Kapitalwertmethode						
2							
3							
4	Zinsen p.a.	8,7%					
5							
6	Jahre	0	1	2	3	4	5
7	Überschüsse	-18000	4400	4400	4400	4400	7000
8							
9	Kapitalwert	884,81					
10							

> Setzen Sie dann den Cursor auf die Zelle B9 in der das Ergebnis der Berechnung erscheinen soll.

> Starten Sie den Funktions-Assistenten und wählen Sie aus der Kategorie Finanzmathematik die Funktion Nettobarwert (NBW).

> Übernehmen Sie die Werte aus dem Tabellenblatt laut der Vorlage indem Sie den Cursor zunächst im Dialogfeld auf das jeweilige Wertefeld setzen und dann die entsprechende Zelle im Tabellenblatt anklicken. Beenden Sie den Dialog mit OK

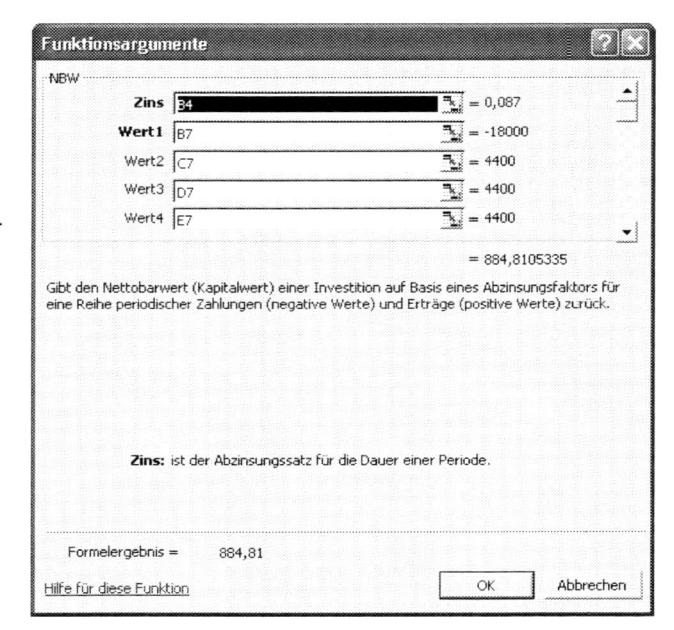

Als Ergebnis der Berechnung erhalten wir den Wert 884,81. Dieses ist der Wert, der über die Basisverzinsung von 8,7% hinaus erwirtschaftet wird. Da der Wert größer als 0 ist, kann die Investition als lohnend beurteilt werden.

Aufgabenlösungen

Aufgabenlösungen

Index

A

Abzinsen · 98
Annuitäten · 81, 101
Arbeitsmappenschutz · 29
Amotisationsrechnung · 91
Aufzinsen · 92
Ausblenden von Zeilen/ Spalten · 40
Ausfüllen · 10
Außenfinanzierung · 80
Autofilter · 42

B

Barwert · 100
Betriebliches Rechnungswesen · 33
Bezüge · 13
Blattschutz · 56
Bonus · 69
break-even-point · 75

C

cash-flow · 79

D

Darlehen · 81
Datenmaske · 38
Datensatz · 35
Deckungsgrad · 85
Diagramme · 58
    Kreisdiagramm · 58
    Liniendiagramm · 63

E

Eigenkapitalquote · 86
Einblenden von Zeilen/ Spalten · 40

F

Fenster fixieren · 38
Filterkriterien · 43
Finanzierungsregeln · 85
Fixe Kosten · 70
Formate übertragen · 20
Formatierung · 17
Formeln · 4
Funktionen · 6

G

Geschäftsbrief · 23
GoB · 34
Goldene Bilanzregel · 85

I

Innenfinanzierung · 79

K

Kalkulationszinsfuß · 90
Kapitalwertmethode · 103
Kassenbuch · 35
Konditionenpolitik · 69
Kopieren · 11
Kostendeckungspunkt · 75

L

Leasing · 84
Lieferbedingungen · 69

M

Markieren · 3
Mustervorlage · 24
    Ändern · 28
    Anwenden · 27
    Speichern · 26

O

Objektkredit · 81

Index

P

Preis-Leistungsverhältnis · 67
Preispolitik · 68
Prozentrechnung · 14

R

Rabatt: · 69
Rechnung
    Angaben · 22
    Definition · 22
Rentabilitätsrechnung · 91
ROI · 91

S

Schnellstartleiste · 31
Skonto · 69
Sortieren · 41
Statistik · 47
Summen-Funktion · 8

T

Tabellenblätter
    Benennen · 50
    Gruppieren · 54
    Verknüpfen · 50
    Verschieben · 54
Teilergebnisse · 44
Teilkostenrechnung · 74
Tilgungsplan · 82
Tilgungsraten · 81

U

Umsatz · 91
Unternehmenskennzahlen · 85

V

Variable Kosten · 70
Verschuldungsgrad · 87
Vollkommener Markt · 68
Vollkostenrechnung · 71
Vorlagen · 21

Z

Zahlenformate · 16
Zahlungsbedingungen · 69
Zukunftswert · 100

Autoren

Die Autoren unterstützen als externe Berater bundesweit Unternehmen bei der Planung und Realisierung von Projekten im Bereich der Informationstechnologie.

Das Spektrum reicht von der Implementierung der grundlegenden Netzwerksoftware bis zur Schulung der Anwender in den Büroanwendungen wie z.B. MS Office. Dabei stehen weniger die reinen technischen Möglichkeiten einer Software im Vordergrund, Zielsetzung ist es dem Anwender aufzuzeigen, wie er die täglichen betrieblichen Anforderungen am Arbeitsplatz mit der jeweiligen Software effizient bewältigen kann.

Aus diesem Blickwinkel und der Erfahrung mit Anwendern und Administratoren ist auch das vorliegende Skript entstanden, dass grundlegende betriebswirtschaftliche Fragestellungen und deren Bearbeitung mit MS Excel aufzeigt.

Für Ihre Anregungen, Hinweise und Vorschläge sind wir dankbar, Sie erreichen uns unter:

E-Mail: excel@conceptpool.de

oder

conceptpool IT-Lösungen
GmbH & Co. KG
Am Neumarkt 30
22041 Hamburg
www.conceptpool.de